ヨブ記に見る試練の意味

河村従彦［著］
Kawamura Yorihiko

いのちのことば社

はじめに

「信仰を持って真面目にやってきたのに、なぜこのような試練に遭わなければならないのですか。」

私は牧師ですが、牧会の現場で信徒の皆さまが率直に感じている、また牧師がときどき受ける質問です。

「試練がなぜあるのかはよくわかりません。哲学者も神学者もこの問いを問い続けてきましたが、おそらく聖書もはっきりとしたことを言っていないのではないかと思います」と、苦しまぎれの返答をする以外にありませんでした。実際、説教でも、これと似たようなことを言っていました。

「試練は神さまが人間を整えるための訓練である」という見方は一般的です。たしかに、受けとめ方で信仰が深められることはあります。ところが、頑張れば越えられる程度であればそれでもいいのですが、天災や、犯罪被害者になった場合を考えてみると、ほとんど意味がなく、当事者には残酷過ぎることに気づきます。

突然犯罪被害者になるとはどういうことかを記した『ＳＴＡＮＤ――立ち上がる選択』（いのちのことば社）の中に、このようなくだりがありました。

「良い事も悪い事もすべてを神がコントロールしているとよく教会で聞いていたが、レイプの事もそういうコントロールされた状況の一部だったのだろうか。」（一〇一頁）

この部分を読んで、自分の聖書理解はフリーズしてしまいました。現実に起こることは、「試練は神さまが人間を整えるための訓練である」という言い方でとても説明できないこともあるのは明らかです。自分の試練についての考え方は間違っていたと思います。

クシュナーの著書との出合い

クシュナーの著書『なぜ私だけが苦しむのか——現代のヨブ記』（岩波現代文庫）は、まだ専門的に心理臨床を学ぶ前、ある研修会に参加したときに教えていただいた書です。最初に読んだとき、すごいな、と思いました。

クシュナーはユダヤ教のラビであるため、私たちキリスト者にはあまりなじみがなく、紹介するとご批判をいただくことがあるかもしれません。しかし、信徒の方、あるいはキリスト者でない方も、援助や人と関わる仕事をしている方はかなり読んでいるようです。

どうしてクシュナーの見解が、このようにインパクトがあったのかを考えました。ユダヤ教の聖書は、キリスト教で言えば旧約聖書です。私たちキリスト者は、旧約聖書を読みながら、「これを十字架の角度から考えれば……」などと安易な読み込みをし、そもそもその箇所が何を言いたいのかが見えなくなってしまうことがあるかもしれません。

その点、クシュナーは新約のフィルターをかけないので、旧約聖書が語ろうとしていることが描き出されます。すっきりと納得がいきました。ヨブ記の風景が目の前に突然開けたような、まさに「目からウロコ」でした。

譲ってはいけないポイント——あなたに罪があるからではない

私たちキリスト者は、試練についてクシュナーとはかなり違う見方をしてきたと思います。試練は、神さまが与えた罰、あるいは訓練であり、人間が聖《きよ》くされるためには欠かせないものという考えが一般的でした。しかしクシュナーの見解は、「人が試練に遭うのは、その人に問題や罪があるからではないし、試練は神さまからの訓練でもない」というものです。

もちろん、すべての人が罪も非もないということではありません。いわゆる自業自得で、負のことを引き受けざるを得なかった場合もあるでしょう。しかし、試練は、本人が悪いから引き受けているのではない、むしろその理由が見当たらないという矛盾感・不条理感を訴えたくなるようなことばかりです。

実はこの問題は神学的にかなり本質的な問題を含んでいます。もし「試練＝神さまの訓練」という発想でこの問題を片づけようとすると、聖と愛である神さまから悪が出ることになり、聖書の神論は崩壊します。神さまが、聖書の啓示している神さまと違う存在になってしまうのです。

クシュナーとの違い

クシュナーの見解を踏まえたうえで、本書は以下の三つのことを意識して書き下ろしました。

第一のポイントは、クシュナーの見解が旧新約聖書の流れの中に落とし込めるかを検討したということです。

第二の、そして最大のポイントは、イエスさまと十字架です。十字架に向かう方向性を意識しながら、クシュナーの見解について検討しました。

第三のポイントは、キリスト教会の牧会やキリスト教カウンセリングの現場で活かせるかを検討したということです。牧師や心理士の方に使っていただくことも考えました。

本書は、クシュナーの見解の範囲を明確に示したうえで、その上に筆者の見解を述べているわけではありません。学術論文であればレファレンスをつけることは必須であり、本書のような書き方は許されません。お許しいただきたいと思います。

読者の皆さまには、『なぜ私だけが苦しむのか――現代のヨブ記』をお読みいただければと願っています。豊かな司牧経験に基づく具体的な事例が盛り込まれており、本書と合わせて試練の問題の理解を深めていただけるのではないかと思います。

試練の問題は、神義論はもとより創造論やその他の組織神学の議論に精通していないと論じることはできません。身のほど知らずの挑戦であることは承知していますが、試練について、聖書がこのくらいのことは言っているのではないかという線を描き出してみたいと考えて取り組んだ一考察です。

二〇一五年に、私たちの群れの信徒講座で、試練について三回シリーズの学びをしました。その学びのノートをもとに文章化したのが本書です。本書を手にしてくださった皆さまが、このテーマを思い巡らすときの材料にしていただければ幸いです。それではいよいよ、試練の神学を整理する旅路のスタートです。

目次

プロローグ

この本ではヨブ記をベースに、試練・不条理の問題を考えていきます。しかし、ヨブ記を学ぶ前に、聖書の土台になっている創造について理解しておく必要があります。あまり神学的に難しい話にならないように、ざくっと見ていくことにします。

創造のみわざの意味

神さまの創造のみわざには、いくつかの意味がありました。簡単に三つの点から見ておきます。

第一に、「無から有へ」の創造です。これは、創造のみわざの前には、神さま以外の存在はなかったということです。神さましか存在していなかったという考え方はとても大切です。

創造の本質はこれで表現されていると思いますが、そこに意味されていることを二つ付け加えます。この二つは、私たちの生きている世界の現実理解にとても役立ちます。まず、「無秩序から秩序・システムへ」ということです。神さまは、被造物である宇宙に二つのシステムを組み込まれました。

(1) 自然としてのシステム

(2) 道徳的なシステム

これらは、悪や罪の問題を考えるときに大切になります。

神さまの創造された世界はすばらしく、非常に精巧にできています（創世一・三一）。ただ単に物が造られたという以上のことであり、そこにはシステムが組み込まれ、そして見事に作動しています。

このことはとても重要で、私たち人間が考えるように、事態を単純に割り切れない、ということを意味しています。私たちは、「神がもし愛ならば……」というような、一つの価値観ですべての説明をしようとするところがありますが、世界はもっと精巧に、そして複雑にできていて、一つの価値観だけでは説明できないようになっているのです。これが創造の第二の意味です。

第三の意味は、「神さまの充満から譲歩へ」ということです。神さまは、無限・完全自結・完全・普遍・遍在の方であり、他のものが存在する余地はありません。ですから、創世記一章三節の「光があれ」という神さまのひと言は、創造以前の状態とはまったく異なる次元への一歩でした。創造以前には神さましか存在しないのですから、そこに不完全な被造物が存在するためには、神さまが、被造物が存在する場を造る必要がありました。

この三つめの意味も非常に重要です。聖書には神さまが働いておられる歴史が書かれているというのはもちろんのことですが、見方を少し変えると、人間が抱えている罪の問題が本当の意味で解決することを目指して、神さまが譲歩される歴史が書かれているということです。

良かった世界に悪が存在する現実

このように、私たちが生きている宇宙は神さまによって創造されたのですが、この世界がどのように動いているかを考えるとき、押さえておかなければならないことが二つあります。

(1) 神さまは善であること
(2) この世には悪が存在すること

人間は、神さまが愛であり善であるのに、なぜこの世に悪が存在するのかということに悩み続けてきました。

この問題は、前述の創造のみわざの意味の二番目、神さまが世界を創造されたときに二つのシステムを組み込まれたことと関連させて考えると、理解しやすくなります。

第一は、自然悪です。自然災害、飢饉、病気など、自然の出来事と関係する痛みや苦しみのことです。被造物は人間の罪の影響を受けているといいますが、人間の罪が原因となって起こる誤作動と言ってもよいのかもしれません。神さまは「良かった」とご自分で評価するような、すばらしい宇宙と人間を創造したにもかかわらず、その自然が最も愛する人間に牙をむくという股裂き状態になっておられます。ですから、自然災害で最も悲しんでいるのはおそらく神さまご自身でしょう。

第二は、道徳悪です。罪とも言われ、殺人、虚偽、貪欲など、人間が罪人であることと関係しています。人間には自由意志が与えられているために、それを用いて人に対して悪を行うことができます。対人関係のトラブル、夫婦関係のトラブル、ＤＶ、虐待などもこれに含まれるでしょう。

ところで、神さまの善とこの世の悪の関係をどのように理解するか。神学の世界では、これを神義論といいます。ギリシア語の神（theos）と正義（dikaiosyne）とから成る、ドイツの哲学者ライプニッツ（一六四六～一七一六年）の造語で、ライプニッツは、三十年戦争（一六一八～四八年）で荒廃したヨーロッパを目の当たりにしながら、悪の問題を考えるようになったといわれています。神義論には、二元論的神義論、調和的神義論、目的論的神義論など、いくつかの考え方がありますが、非常に難しい、複雑な議論になりますので、他の機会に譲りたいと思います。

試練の「当事者性」

さて、ここで一つ、試練を考えるときに大切な問題があります。それは「当事者性」です。試練は、他の人にふりかかっているときにはいろいろと論じることができますが、自分の身に起きたとき、風景が一変します。「なぜ人は試練に遭うのか」ではなく、「なぜ『自分は』試練に遭わなければならないのか」となるのです。他人がもっともらしい説明をしても、本人はほとんど納得しません。これを当事者性と呼ぶことにします。実は試練の問題は、だれも論じる資格がない、経験した本人しかわからないテーマなのです。

当事者性と問題の深刻度は比例します。図1をご覧ください。簡単な問題であれば他の人と共有することが可能ですが、問題が深刻になればなるほど、他の人と共有することができなくなります。

私たちはしゃれたアドバイスの一つでもすれば、その人に励ましを与えられると安易に考えてしまいますが、実はアドバイスができるのは浅い問題に関してだけです。深刻な問題ではアドバイスなど意味を持ちません。人間の生涯の中で最も深刻度の高い問題は、おそらく死でしょう。ですからターミナル・ケアの現場では、信仰的なアドバイスや励ましはほとんど機能しません。

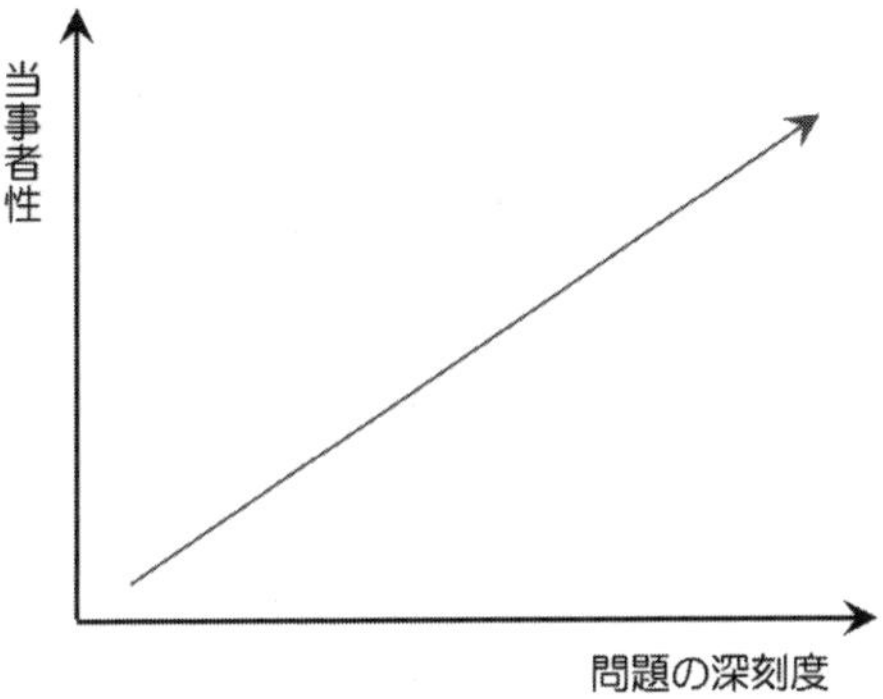

図1　当事者性と問題の深刻度

指導を前面に出す牧会姿勢が早晩行き詰まる理由がここにあります。援助する側が上から目線でアドバイスするだけで、感性の豊かな方はつまずくでしょう。百歩譲って、他の人が自分を指導することを認めるとします。しかし、人の指導が自分にとって励ましになるのは、自分でも解決できるレベルの問題なのです。

深い問題について人が自分を指導すると、「この人、わかっていない」と感じるはずです。怒りを抱くこともあります。試練の問題を考えるときに、この当事者性の概念はとても大切です。本書の底流に一貫して流れている考え方です。心の隅に留めておいてください。

ここまで、創造のみわざの意味と、良かった世界に悪が存在する現実と、当事者性について説明しました。これらのことを心に留めたうえで、いよいよヨブ記の学びに入っていきます。

第一章　ヨブ記は戯曲として読む？

ヨブについて

ヨブという名は、前二千年期の西方セム語族（カナン人、アラム人、アラビア人、ヘブル人）ではごく普通の名前だったようで、この人は、歴史上の人物であるノアやダニエルと並んで義人といわれています。ヤコブの手紙には、「ヨブの忍耐のことを聞いています」（五・一一）と記されています。

年代ですが、この書の最初と最後の部分から推測して、族長時代ではないかと考えられています。社会制度が単純であること、家畜がおもな財産であること、家長が祭司の役割を果たしていること、国家的な支配が及んでいないこと、そして、族長時代にしか使われた例のないお金の単位「ケシタ」（ヨブ四二・一一、創世三三・一九）が記されていることがその理由です。

ヨブ記について

ヨブ記はだれが書いたのか、いつごろ書かれたかについては、よくわかっていません。構成は比較的わかりやすくなっています。チャートにまとめてみました。図2をご覧ください。いくつかのことを心に留めておきたいと思います。

第一に、ヨブ記は戯曲というイメージで読むと、全体をとらえやすいということです。もし戯曲として読めるとすると、ことばの一句一句を吟味してみたところで、あまり意味がありません。むしろ、台本を受け取ったという気持ちでざっと読むことが大切です。前説があって、台本が続きます。そして最後に、終演アナウンスがあります。台本の部分は韻文ですが、前説と終演アナウンスは散文です。

私たちはどうも、一～二章と四二章がわかりやすいため、そこに目を向けますが、ヨブ記が戯曲だという見方をすれば、大切なのはむしろその間に挟まっている脚本部分で

ヨブ記
脚本「自分だけが苦しむのはなぜ？」
～譲っていかれる神さまのたたずまい

前説 散文			劇場公演 脚本形式						終演アナウンス 散文
キャスティング	演劇の設定	キャスティング	第1幕 ヨブの独白	第2幕 友人たちとの論争			第3幕 エリフの弁論	終幕 神さまの介入	あとがき
主人公		助演		第1サイクル	第2サイクル	第3サイクル	4回	2サイクル	
ヨブ	場面① 1:6～12 試練① 1:13～22 場面② 2:1～6 試練② 2:7～10	3人の友人		エリファズ 4:1～5:27 ヨブ 6:1～7:21 ビルダデ 8:1～22 ヨブ 9:1～10:22 ツォファル 11:1～20 ヨブ 12:1～14:22	エリファズ 15:1～35 ヨブ 16:1～17:16 ビルダデ 18:1～21 ヨブ 19:1～29 ツォファル 20:1～29 ヨブ 21:1～34	エリファズ 22:1～30 ヨブ 23:1～24:25 ビルダデ 25:1～6 ヨブ 26:1～14	発言した理由 32: 第1回弁論 33: 第2回弁論 34: 第3回弁論 35: 第4回弁論 36:～37:	第1回 38:～39: ヨブ 40:1～5 第2回 40:6～41:34 ヨブ 42:1～6	とりなし 42:7～9 ヨブの回復 42:10～17
1:1　5	1:6　2:10	2:11　13	3:1　26	4:1　14:22	15:1　21:34	22:1　26:14	27:　31:40	38:1　42:6	42:7　17

図２　ヨブ記のチャート

あると理解できます。

第二に、作者は、四人の友人を含めたそれぞれの登場人物が言おうとしていることを丁寧に記述しています。作者は、おそらく試練が自分の身に振りかかったとき、人は友人が語るような声を聞くだろうし、自分もヨブのような返事をするだろうと思っていたでしょう。さらに作者は、神さまがヨブに対してどのように言われたかを記録し、そこに自分が一番言いたかったことを重ね合わせているようです。試練を考えるときには、こういう考え方もないだろうかという提案のように思えます。

ヨブ記に触れる者の苦悩

ヨブ記は決してわかりやすい書ではありません。触れた人たちが悩んでしまう書だと思います。

そもそもヨブ自身が悩んでいます。「主は与え、主は取られる。主の御名はほむべきかな」（一・二一）。すばらしい信仰的姿勢です。しかし、それは最初だけです。三章にいくと、「ヨブは口を開いて自分の生まれた日をのろった」（一節）と記されています。これが本音だったのでしょう。「なぜ私がこのように苦しまなければならないのか……」これは当事者性です。ヨブしかわからないことです。

読者も苦悩します。「主は与え、主は取られる。主の御名はほむべきかな」と言われれば、それは確かに信仰的な励ましになります。しかし、同時に心の中ではこのようにも感じています。「でも、もし自分が苦しみに遭ったら、そんなことはとても言えない。自分はそんなに立派なキリスト者ではない」と。

さらに読者を悩ませるのは、ヨブ記の構図です。最初は、一～二章と四二章以外は難解であると感じます。しかし考えてみると、本当に悩むのはそれからあとです。本当は一～二章と四二章があるから、わかりにくいのです。特に、四二章の書き方はこの書のシャープさをぼやかしてしまうように感じます。なぜかというと、そこに書かれていることは、私たちが実際に経験する現実と比べると、あまりにでき過ぎだからです。

多くの場合、私たちの人生に四二章は起きないのではないでしょうか。もし四二章みたいなことが神の民に起きることが保証されてしまえば、聖書は「水戸黄門化」します。結局、何があっても最後は神の民が勝つという構図、午後八時四十五分の「この紋所《もんどころ》が目に入らぬか！」の世界です。このような考え方を「勧善懲悪思想」と言います。

勧善懲悪思想に基づく時代劇が根強い人気を保っているのは、その内容が私たちの現実と掛け離れているからです。聖書は現実を描写する書であるため、勧善懲悪思想では読めません。ですから、ヨブ記を四二章まで読むと、でき過ぎへのモヤモヤ感が残ってしまいます。

もう一つ、読む者を悩ませる部分があります。それは一～二章です。神の民の人生を材料にして神さまがサタンと賭けをして勝つ、神さまが賭けをするためであれば、人が苦しいめに遭ってもいいのか、と正直感じます。さらに、苦しい中で、どれだけ叫んでも返事一つくれないのに、最後に突然登場し、「おまえはわかっていない」などと言う、これが、自分が信じている神さまなのだろうか。もっと近くにおられる親しい方のはずだ。キリスト者であればそう思うかもしれません。

しかし、悩んだ人はそれだけではなかったはずです。もう一人いました。それはヨブ記の作者です。作者は、この書を通して自分の苦しみをだれかにわかってほしいと願い、その自分の苦悩をだれか登場人物に語らせたかったのではないかということも想像できるのではないでしょうか。

登場人物の主張（1）

それではここで、それぞれの登場人物の言いたいことを整理しておきます。チャートを見るとわかるように、友人は三サイクルで登場します。そして友人たちの発言の間に、ヨブの発言が挟まります。三サイクルめは、あまりにヨブが主張したためか、三人めの友人であるツォファルは沈黙してしまいます。

作者はそれぞれの友人に三回の発言の機会を与えていますが、ここでは人物ごとに一つにまとめます。それではエリファズから始めます。

エリファズ

エリファズがヨブに言ったことは、第一に、「あなたは他の人を励ましてきたが、自分が問題に直面すると、それに耐えられないではないか」という、血も涙もないひと言です。

「見よ。あなたは多くの人を訓戒し、弱った手を力づけた。あなたのことばはつまずく者を起こし、くずおれるひざをしっかり立たせた。だが、今これがあなたにふりかかると、あなたは、これに耐えられない。これがあなたを打つと、あなたはおびえている。」（四・三～五）

強烈だと思います。しかしこれは皮肉なことに、試練の本質を見事に言い当てていますす。いわゆる当事者性です。エリファズには、ヨブの実情がわからないということです。

第二に、「あなたが問題に直面しているのは、あなたに罪があるからではないか」ということです。

「あなたが神を恐れていることはあなたの確信ではないか。あなたの望みはあなたの潔白な行いではないか。さあ思い出せ。だれか罪がないのに滅びた者がどこに正しい人で絶たれた者があるか。」（四・六、七）

さらに、「人は神の前に正しくありえようか。人はその造り主の前にきよくありえようか。見よ。神はご自分のしもべさえ信頼せず、その御使いたちにさえ誤りを認められる。まして、ちりの中に土台を据える泥の家に住む者はなおさらのことである」（同一七〜一九節）とも述べています。

この言い方は、ある程度の温度差はあっても、基本的に他の友人に共通しています。悪者は苦しむのです（一五・一八〜二〇、三四、三五）。苦しんでいるのは悪者なのです。私たちも試練の中にある友人を見ると、あなたが問題に直面しているのは、あなたに問題や罪があるからではないかと安易に思ってしまう可能性が高いのではないでしょうか。そのことをヨブ記は教えています。

第三に、「神さまに呼び求めてみなさい」と祈りを促します。

「さあ、呼んでみよ。だれかあなたに答える者があるか。聖者のうちのだれにあなたは向かって行こうとするのか。」（五・一）

また、神さまに祈らないことが罪なのではないかと、ヨブを断罪します。

「ところが、あなたは信仰を捨て、神に祈ることをやめている。それは、あなたの罪があなたの口に教え、あなたが悪賢い人の舌を選び取るからだ。あなたの口があなたを罪に定める。私ではない。あなたのくちびるがあなたに不利な証言をする。」（一五・四〜六）

「もし真実に心を打ち明けて祈れば、神さまは大いなることをしてくださるはずだ」

と諭します。

「私なら、神に尋ね、私のことを神に訴えよう。神は大いなる事をなして測り知れず、その奇しいみわざは数えきれない。……神は貧しい者を剣から、彼らの口から、強い者の手から救われる。こうして寄るべのない者は望みを持ち、不正はその口をつぐむ。」（五・八〜一六）

確かにこのような面がないとは言えません。

ここでエリファズは、「私なら」と述べていますが、この言い方は、エリファズに当事者性が欠けていることを表しています。ヨブの立場に安易に自分を重ねながらも、これほどの苦しみの中にいるヨブのことを本当の意味でわかるはずもないのです。「祈りなさい」という論調は、一貫して続きます。

「あなたが神に祈れば、神はあなたに聞き、あなたは自分の誓願を果たせよう。あなたが事を決めると、それは成り、あなたの道の上には光が輝く。あなたが低くされると、あなたは高められたと言おう。神はへりくだる者を救われるからだ。神は罪ある者さえ救う。その人はあなたの手のきよいことによって救われる。」（二二・二七〜三〇）

祈りを勧めることは間違っていないと思いますが、「祈りなさい」という言い方は、結局「あなたは傲慢だ。へりくだりなさい」という意味になります。

そして、「神さまはいやしてくださるから、大丈夫だ」とも述べています。

「神は傷つけるが、それを包み、打ち砕くが、その手でいやしてくださるからだ。神は六つの苦しみから、あなたを救い出し、七つ目のわざわいはあなたに触れない。……あなたは長寿を全うして墓に入ろう。あたかも麦束がその時期に収められるように。」（五・一八〜二六）

「あなたが試練に遭っているのはあなたに罪があるからではないか」と言われ、「祈れ、祈れ」と言われても、そしてそれがどれだけ正論であっても、苦しみの中にある人には慰めにも励ましにもなりません。「神さまはいやしてくださる、だから大丈夫だ」これではヨブはとてもやっていられません。

第四に、「あなたが苦しんでいるのは、神さまの懲らしめだ」ということです。これは、第二のポイントと同じですが、ただ罪が原因だというだけではなく、そこに教育的な意味をも付け加えます。

「ああ、幸いなことよ。神に責められるその人は。だから全能者の懲らしめをないがしろにしてはならない。」（五・一七）

「その懲らしめをポジティブに受けとめる必要がある、なぜなら、神さまの懲らしめは幸いだからだ」というのです。

さらに、「神さまの慰めを無にしてはいけない」とも述べています。

「神の慰めと、あなたに優しく話しかけられたことばとは、あなたにとっては取るに足りないものだろうか。なぜ、あなたは理性を失ったのか。なぜ、あなたの目はぎらつくのか。あなたが神に向かっていらだち、口からあのようなことばを吐くとは。人がどうして、きよくありえようか。女から生まれた者が、どうして、正しくありえようか。」（一五・一一〜一四）

祈らないこと、神さまの懲らしめをポジティブに受け取らないこと、神さまの慰めを無にしてしまうこと、これがエリファズの言う罪でした。

第五に、問題はかなり本質的なところにいきます。神さまは人間を信頼していないという言い方です。

「見よ。神はご自身の聖なる者たちをも信頼しない。天も神の目にはきよくない。まして忌みきらうべき汚れた者、不正を水のように飲む人間は、なおさらだ。」(一五・一五、一六)

神さまはそもそも人間を信頼しない方だから、まして、あなたのような人間は無理だということです。さらに、こうも述べています。

「人は神の役に立つことができようか。賢い人さえ、ただ自分自身の役に立つだけだ。あなたが正しくても、それが全能者に何の喜びであろうか。あなたの道が潔白であっても、それが何の益になろう。あなたとともに、さばきの座に、入って行かれ、あなたを責められるのは、あなたが神を恐れているためか。」(二二・二～四)

人間は神のために役に立たない存在だ。だから、あなたが正しくても、それは神にとっては意味がない。強烈なことばです。

この人間観は、聖書の人間観になじみません。神さまがどのような意図をもって私たち人間を創造されたかを見れば、このエリファズの言い方が間違いであることはすぐにわかります。

第六に「神さまと喧嘩するのはやめて、神さまに立ち返りなさい」と述べて、ヨブに悔い改めを迫ります。

「さあ、あなたは神と和らぎ、平和を得よ。そうすればあなたに幸いが来よう。神の御口からおしえを受け、そのみことばを心にとどめよ。あなたがもし全能者に立ち返るなら、あなたは再び立ち直る。あなたは自分の天幕から不正を遠ざけ……」（二二・二一～二三）

このことばはヨブを苦しめただろうと思います。「神と和らぎ、平和を得よ。……あなたがもし全能者に立ち返るなら……」という言い方は、「潔白で正しく、神を恐れ、悪から遠ざかっていた」という表現で聖書がお墨付きを与えているヨブからすれば、何がなんだかわからない、これ以上自分はどうすればよいのかと、苦悩する以外に術がないようにしてしまいます。

エリファズの言い方は、実は私たちが、試練の中にいる友に対して安易に口にしてしまうものばかりではないでしょうか。私も反省しました。安易に口にしてしまうというのは、一見すると正しいと思えるということです。しかし、このエリファズの論理に込められた非論理性・残忍さを、ヨブ記を読む読者は感じ取らなければならないのです。

ヨブはエリファズの勧めに対してどのように応答したでしょうか。自分は正しいという線を最後まで譲りませんでした。そしてこの構図は、他の友人とのやりとりでもほとんど変わることがありませんでした。

ビルダデ

二人めの友人ビルダデに話を進めます。言っていることは、エリファズと大差ありませんので、簡略にまとめておきます。

第一に、「あなたが言うことは間違っている。神は義を曲げない」ということです。このように述べています。

「いつまであなたはこのようなことを語るのか。あなたが口にすることばは激しい風のようだ。神は公義を曲げるだろうか。全能者は義を曲げるだろうか。」（八・二、三）

さらに、「悪者はひどいめに遭う」と話を畳みかけます。

「悪者どもの光は消え、その火の炎も輝かない。彼の天幕のうちでは、光は暗くなり、彼を照らすともしびも消える。彼の力強い歩みはせばめられ、おのれのはかりごとが彼を投げ倒す。彼は自分の足で網にかかる。落とし穴の上を歩むからだ。

……西に住む者は彼の日について驚き、東に住む者は恐怖に取りつかれる。不正をする者の住みかは、まことに、このようであり、これが神を知らない者の住まいである。」(一八・五〜二一)

第二に、「神さまはあまりにすごいので、神さまの前に自分が正しいと言える者はだれもいない」と述べています。

「主権と恐れとは神のもの。神はその高き所で平和をつくる。その軍勢の数ほどのものがほかにあろうか。その光に照らされないものがだれかいようか。人はどうして神の前に正しくありえようか。女から生まれた者が、どうしてきよくありえようか。ああ、神の目には月さえも輝きがなく、星もきよくない。ましてうじである人間、虫けらの人の子はなおさらである。」(二五・二〜六)

このこと自体、神学的には間違っていません。「恵みの原則」は、むしろこのことをはっきりさせます。人間は神さまの前にどうしようもない存在です。だからこそ、恵みのありがたさがしみじみわかるのです。

しかし、この場合もそうですが、自分が今直面している試練や不条理の原因はどこにあるのかということになれば、話は別です。試練に遭うのは人間がダメだからではありません。このところを、混同してしまわないようにしなければなりません。

第三に、「あなたが折れれば、神はあなたとの関係を回復される、あなたが自分の間違いを認めれば、神はそういう人を退けることはない」ということです。このように言われています。

「もし、あなたが、熱心に神に求め、全能者にあわれみを請うなら、もし、あなたが純粋で正しいなら、まことに神は今すぐあなたのために起き上がり、あなたの義の住まいを回復される。」（八・五、六）

「見よ。神は潔白な人を退けない。悪を行う者の手を取らない。ついには、神は笑いをあなたの口に満たし、喜びの叫びをあなたのくちびるに満たす。」（八・二〇、二一）

そして、「あなたが自分を主張することが問題なのですから、周りが悪いと言うのをやめて、大切なことをまず認めなさい」とヨブに迫ります。

「いつ、あなたがたはその話にけりをつけるのか。まず悟れ。それから私たちは語り合おう。なぜ、私たちは獣のようにみなされるのか。なぜ、あなたがたの目には汚れて見えるのか。怒って自分自身を引き裂く者よ。あなたのために地が見捨てられようか。岩がその所から移されようか。」（一八・二〜四）

以上、ビルダデの要点をまとめました。内容はエリファズとほぼ同じです。

ツォファル

三人めの友人ツォファルに話を進めましょう。ツォファルも簡略にまとめます。

第一に、「あなたは不信実であり、問題はあなたにある」という、三人の友人に共通しているメッセージです。

「神は不信実な者どもを知っておられる。神はその悪意を見て、これに気がつかないであろうか。無知な人間も賢くなり、野ろばの子も、人として生まれる。」（一一・一一、一二）

また、「悪者は栄えない」と述べて、ヨブの試練の原因は、ヨブが悪いからだと暗にほのめかします。

「それで、いらだつ思いが私に答えを促し、そのため、私は心あせる。私の侮辱となる訓戒を聞いて、私の悟りの霊が私に答えさせる。あなたはこのことを知っているはずだ。昔から、地の上に人が置かれてから、悪者の喜びは短く、神を敬わない者の楽しみはつかのまだ。」（二〇・二～五）

第二に、「神さまはそのような悪者に対して怒りを下される」と述べて、ヨブの試練が神さまの怒りの結果であると断罪します。

「彼の腹は足ることを知らないので、欲しがっている物は何一つ、彼はのがさない。彼のむさぼりからのがれる物は一つもない。だから、彼の繁栄は続かない。満ち足りているときに、彼は貧乏になって苦しみ、苦しむ者の手がことごとく彼に押し寄せる。彼が腹を満たそうとすると、神はその燃える怒りを彼の上に送り、憤りを彼の上に降らす。」（二〇・二〇〜二三）

さらに、「人間はその神さまの怒りの前に、消え失せるしかない」と畳みかけます。

「天は彼の罪をあらわし、地は彼に逆らって立つ。彼の家の作物はさらわれ、御怒りの日に消えうせる。これが悪者の、神からの分け前、神によって定められた彼の相続財産である。」（二〇・二七〜二九）

第三に、「あなたは神さまのことがわからない」と述べて、ヨブの無知を指摘します。

「あなたは神の深さを見抜くことができようか。全能者の極限を見つけることができようか。それは天よりも高い。あなたに何ができよう。それはよみよりも深い。あなたが何を知りえよう。それを計れば、地よりも長く、海よりも広い。もし、神が通り過ぎ、あるいは閉じ込め、あるいは呼び集めるなら、だれがそれを引き止めえようか。」（一一・七〜一〇）

これは重要なポイントです。ツォファルにそのような意図があったかどうか定かでありませんが、ヨブ記が問題にしているのは、ヨブの罪ではなく、ヨブの無知です。このところは押さえておきたいと思います。

第四に、「あなたはしゃべりすぎている。自己主張をやめて神さまに耳を傾けよ。そうすれば神さまはヨブの罪を忘れてくださる」と述べます。

「ことば数が多ければ、言い返しがないであろうか。舌の人が義とされるのだろうか。あなたのおしゃべりは人を黙らせる。あなたはあざけるが、だれもあなたを恥じさせる者がない。あなたは言う。『私の主張は純粋だ。あなたの目にも、きよい』と。ああ、神がもし語りかけ、あなたに向かってくちびるを開いてくださったなら、神は知恵の奥義をあなたに告げ、すぐれた知性を倍にしてくださるものを。知れ。神はあなたのために、あなたの罪を忘れてくださることを。」（一一・二～六）

三人の友人は順番に三サイクル登場しますが、先に述べたように、ツォファルは三回めのサイクルでは発言していません。ヨブの主張があまりに強く、人を黙らせる迫力があったからかもしれません。

第五に、「あなたが悔い改めれば、あなたは安心できる。あなたが苦しんでいるのは、あなたが悔い改めないからだ」と諭します。

「もし、あなたが心を定め、あなたの手を神に向かって差し伸べるなら、――あなたの手に悪があれば、それを捨て、あなたの天幕に不正を住まわせるな――そうすれば、あなたは必ず、汚れのないあなたの顔を上げることができ、堅く立って恐れることがない。こうしてあなたは労苦を忘れ、流れ去った水のように、これを思い出そう。あなたの一生は真昼よりも輝き、暗くても、それは朝のようになる。望みがあるので、あなたは安らぎ、あなたは守られて、安らかに休む。あなたが横たわっても、だれもあなたを脅かさない。多くの者があなたの好意を求める。しかし悪者どもの目は衰え果て、彼らは逃げ場を失う。彼らの望みは、あえぐ息に等しい。」（一一・一三〜二〇）

以上、ツォファルの要点をまとめました。内容は他の二人の友人と大差ありません。結局、三人の友人とも、ヨブに語りかけるのをやめてしまいます（三二・一）。友人たちは、ヨブが正しいと言い張るところに問題があり、そこをなんとか崩そうとしましたが、結局あきらめざるを得ませんでした。

エリフ

次に登場するのが、他の友人よりは若かったエリフです（三二・四）。エリフは三人の友人の発言を受けて、まず自分が発言する理由を述べ、それに続いて、四回の弁論を通してヨブに語りかけます。それぞれの弁論ごとに内容を要約します。

まず、エリフは自分が発言する理由について語ります。そして、ヨブが神さまよりも自分を義としたことについて怒りを発します（二節）。

さらに、その怒りは年長であるヨブの友人たちにも向けられます。エリフは三人の友人に、このように言っています。


「私は若く、あなたがたは年寄りだ。だから、わきに控えて、遠慮し、あなたがたに私の意見を述べなかった。」（六節）

しかし、自分が若いことを認めながら、「年長者が知恵深いわけではない」（同九節）と畳みかけ、このような難しい問題は、年を重ねればわかる問題ではないと、ヨブの三人の友人たちを切り捨てます。

さらに、いかにも不甲斐ないといった感じで、友人たちがヨブを罪ある者としながら、ヨブに逆襲されたときに、そのことに対する答えを持っていなかった情けなさを指摘します。

「私はあなたがたのような言い方では彼に答えまい。」（一四節）
「私は私で自分の言い分を言い返し、私の意見を述べてみよう。」（一七節）

しかも、「私はだれをもひいきしない」（二一節）と断りを入れ、「あくまでフェアな態度でヨブと向き合いたいので、ここは一つ話をさせてほしい」と主張します。

第一回弁論（三三章）

それで、第一回弁論が始まります。エリフが最初に確認したことは、人間は自分も含めてみな弱いということです。

「実に、神にとって、私はあなたと同様だ。私もまた粘土で形造られた。見よ。私のおどしも、あなたをおびえさせない。私が強く圧しても、あなたには重くない」（六、七節）と述べています。謙虚です。自分も含めて人間は弱いのだ、と認めたうえでヨブの発言を取り上げます。

「確かにあなたは、この耳に言った。私はあなたの話す声を聞いた。『私はきよく、そむきの罪を犯さなかった。私は純潔で、よこしまなことがない。それなのに、神は私を攻める口実を見つけ、私を敵のようにみなされる。神は私の足にかせをはめ、私の歩みをことごとく見張る。』」（八〜一一節）

「あなたは、自分は罪を犯していないと言いましたね」といった感じです。そして、ズバッといきます。

「聞け。私はあなたに答える。このことであなたは正しくない。神は人よりも偉大だからである。なぜ、あなたは神と言い争うのか。自分のことばに神がいちいち答えてくださらないといって。」（一二、一三節）

「神さまと言い争っていることが問題なのではありませんか」ということです。最初は謙虚ですが、結局言いたいことは他の三人の友人と同じです。自分の発想でヨブを縛ります。さらに畳みかけます。

「神はある方法で語られ、また、ほかの方法で語られるが、人はそれに気づかない。夜の幻と、夢の中で、または深い眠りが人々を襲うとき、あるいは寝床の上でまどろむとき、そのとき、神はその人たちの耳を開き、このような恐ろしいかたちで彼らをおびえさせ、人にその悪いわざを取り除かせ、人間から高ぶりを離れさせる。」（一四〜一七節）

「神さまの語られる方法は、人間が必ずしも気づかないものだ」というのです。

「もし彼のそばに、ひとりの御使い、すなわち千人にひとりの代言者がおり、それが人に代わってその正しさを告げてくれるなら、神は彼をあわれんで仰せられる。『彼を救って、よみの穴に下って行かないようにせよ。わたしは身代金を得た。』」（二三、二四節）

「自分の正しさは自分で主張するのではなく、人に正しいと言ってもらって初めて意味を持つ」ということです。さらに、こう続けます。

「彼が神に祈ると、彼は受け入れられる。彼は喜びをもって御顔を見、神はその人に彼の義を報いてくださる。彼は人々を見つめて言う。『私は罪を犯し、正しい事を曲げた。しかし、神は私のようではなかった。神は私のたましいを贖ってよみの穴に下らせず、私のいのちは光を見る』と。」(二六～二八節)

これはつまり、「神さまに祈れば受け入れてもらえる。神さまに受け入れてもらっている人は、自分が間違っていたと言うものだ。だから、自分で自分の正しさを主張するのはやめて、私の言うことに耳を傾けなさい」ということです。

「見よ。神はこれらすべてのことを、二度も三度も人に行われ、人のたましいをよみの穴から引き戻し、いのちの光で照らされる。耳を貸せ。ヨブ。私に聞け。黙れ。私が語ろう。もし、言い分があるならば、私に言い返せ。言ってみよ。あなたの正しいことを示してほしいからだ。そうでなければ私に聞け。黙れ。あなたに知

恵を教えよう。」（二九〜三三節）

きわめて論理的です。このあたりの雰囲気は、年を重ねた三人の友人たちと違っています。

しかし、どうでしょうか。この言い方がどれだけ論理的に筋が通っていても、このことでヨブがどうにかなるわけではないのです。ヨブは逆に、エリフと交われば交わるほど、ますます苦しくなったのではないか、ますます追いつめられていったのではないかと思います。

第二回弁論（三四章）

第二回めの弁論に進みます。論点はほとんど同じです。

「ヨブはかってこう言った。『私は正しい。神が私の正義を取り去った。私は自分の正義に反して、まやかしを言えようか。私はそむきの罪を犯していないが、私の矢傷は直らない。』」（五、六節）

「あなたは、自分は正しいと言って譲らない」と言って、もう一度、神さまの全能と人間の弱さに焦点を合わせます。

「だから、あなたがた分別のある人々よ。私に聞け。神が悪を行うなど、全能者が不正をするなど、絶対にそういうことはない。神は、人の行いをその身に報い、人に、それぞれ自分の道を見つけるようにされる。神は決して悪を行わない。全能者は公義を曲げない。だれが、この地を神にゆだねたのか。だれが、全世界を神に任せたのか。もし、神がご自分だけに心を留め、その霊と息をご自分に集められたら、すべての肉なるものは共に息絶え、人はちりに帰る。」(一〇～一五節)

「神さまはどこまでも正しい。しかし、人間は弱く、塵に帰る存在だ」ということです。「そういう弱い人間が、どうして全能の神さまを罪に定めることができるのか」と指摘します。

「いったい、公義を憎む者が治めることができようか。正しく力ある方を、あなたは罪に定めることができようか。人が王に向かって、『よこしまな者』と言い、高貴な人に向かって、『悪者』と言えるだろうか。」（一七、一八節）

そして、「神さまは、正しい方を罪あるものとするような人間を滅ぼされる」と警告します。

「神は力ある者を取り調べることなく打ち滅ぼし、これに代えて他の者を立てられる。神は彼らのしたことを知っておられるので、夜、彼らをくつがえされる。こうして彼らは砕かれる。神は、人々の見ているところで、彼らを、悪者として打たれる。それは、彼らが神にそむいて従わず、神のすべての道に心を留めなかったからである。」（二四〜二七節）

しかし、「もし心をあらためて祈れば、神さまはその祈りを聞いてくださる方である」と諭します。

「こうして彼らは寄るべのない者の叫びを神の耳に入れるようにし、神は悩める者の叫びを聞き入れられる。」（二八節）

さらに畳みかけます。

「あなたが反対するからといって、神はあなたの願うとおりに報復なさるだろうか。私ではなく、あなたが選ぶがよい。あなたの知っていることを言うがよい。」（三三節）

「あなたがどれだけ反対しても、神さまが何かを変えることはないのだから、無駄な抵抗はやめたほうがよい」ということです。

ついにエリフは、自分がどれだけ言っても埒があかないと思ったのか、「このように言っているのは私だけではない、知恵のある人が、ヨブは知識も思慮もないと言っている」と述べて、ダメ出しをします。

「分別のある人々や、私に聞く、知恵のある人は私に言う。『ヨブは知識がなくて語る。彼のことばには思慮がない』と。」（三四、三五節）

説得の論調はさらに鋭さを増し、ヨブを押さえにかかります。三人の友人を批判したエリフの焦りがにじみ出ます。

第三回弁論（三五章）

エリフはヨブに、「あなたは自分が正しいと言っている」と同じことを繰り返し（一、二節）さらに畳みかけます。

「天を仰ぎ見よ。あなたより、はるかに高い雲を見よ。あなたが罪を犯しても、神に対して何ができよう。あなたのそむきの罪が多くても、あなたは神に何をなしえようか。あなたが正しくても、あなたは神に何を与ええようか。神は、あなたの手から何を受けられるだろうか。」（五〜七節）

「神は、あなたから何かを受け取ることはない。」それはこういう理由だ、と言います。

「人々は、多くのしいたげのために泣き叫び、力ある者の腕のために助けを叫び求める。しかし、だれも問わない。『私の造り主である神はどこにおられるか。夜には、ほめ歌を与え、地の獣よりも、むしろ、私たちに教え、空の鳥よりも、むしろ、私たちに知恵を授けてくださる方は』と。そこでは、彼らが泣き叫んでも答えはない。悪人がおごり高ぶっているからだ。神は決してむなしい叫びを聞き入れず、全能者はこれに心を留めない。」（九〜一三節）

「あなたはおごり高ぶっている。神さまは、おごり高ぶっている者に答えることはない」と断定します。

第四回弁論（三六、三七章）

そして、第四回、最後の弁論です。語られている内容はほとんど繰り返しです。まず、「あなたが正しいならば、神はあなたを助けるだろう」と切り出します。

「神は悩んでいる者をその悩みの中で助け出し、そのしいたげの中で彼らの耳を開かれる。まことに、神はあなたを苦しみの中から誘い出し、束縛のない広い所に導き、あなたの食卓には、あぶらぎった食物が備えられる。」（三六・一五、一六）

また、「あなたが叫んでも、それが何の役に立つのか」と諭します。

「あなたの叫びが並べたてられても、力の限りが尽くされても、それが役に立つだろうか。国々の民が取り去られる夜をあえぎ求めてはならない。悪に向かわないように注意せよ。あなたは悩みよりも、これを選んだのだから。」（一九～二一節）

さらに、「神はすごすぎる。人間が全部をわかるわけがないだろう」と畳みかけます。

「見よ。神は力にすぐれておられる。神のような教師が、だれかいようか。だれが、神にその道を指図したのか。だれが、『あなたは不正をした』と言ったのか。人々がほめ歌った神のみわざを覚えて賛美せよ。すべての人がこれを見、人が遠くからこれをながめる。見よ。神はいと高く、私たちには知ることができない。その年の数も測り知ることができない。」（二二～二六節）

そして、「神がなさることなのだから、それに耳を傾けよ」と述べます。

「これに耳を傾けよ。ヨブ。神の奇しいみわざを、じっと考えよ。あなたは知っているか。神がどのようにこれらに命じ、その雲にいなずまをひらめかせるかを。あなたは濃い雲のつり合いを知っているか。完全な知識を持つ方の不思議なみわざを。また、南風で地がもだすとき、あなたの着物がいかに熱くなるかを。あなたは、鋳た鏡のように堅い大空を神とともに張り延ばすことができるのか。」（三七・一四～一八）

そして、それまでを要約するように、「神さまを恐れよ。神さまは、心が正しくない者を顧みることはない」と断じます。

「だから、人々は神を恐れなければならない。神は心のこざかしい者を決して顧みない。」（二四節）

このような調子です。あなたは間違っている。神さまは大いなる方だから、あなたがどれだけ叫んでも、そのことで神さまがご自分を譲ることは決してない。だから、あなたのほうで折れて、神さまの前に悔い改めよ。悔い改めたら神さまはあなたの願いを聞き入れてくださるだろう。

最初はあくまでフェアな態度でヨブに向き合いたいと言っていたエリフですが、ヨブがなかなか自分の言うようにならないことがわかって、最後は羽交い締めのようになってしまいました。

友人たちの心理的屈折——「あなたは幸せになってはならない」

ここで、ヨブと神さまに話を進める前に、なぜヨブの友人たちがヨブに対してこのような残酷なことばを浴びせかけ続けたのかを考えてみます。自分が試練・不条理を経験したこと以上に、そのことに関する友人たちのことばに傷つき、苦しんだということもよくあることです。

友人たちがヨブに対してつらく当たろうとした土壌は、十分過ぎるほどありました。一章を見ると、「潔白で正しく、神を恐れ」(一節)、しかも、「一番の富豪であった」(三節)と記されています。皮肉なことに、そして残念なことに、このような人は人から疎まれます。ヨブ記は、人は、神さまによって祝されている人を見ると、「いつか苦しいめに遭えばいい」という屈折した思いを心の深いところで持つものであるということも教えてくれます。

それで四章で、痛烈なことばが浴びせかけられます(三〜五節)。友人が口を開いた最初のひと言には棘《とげ》がありました。こういうことです。

「あなたは、潔白で正しく、神を恐れ、しかも、物質的な祝福も手にした。それはそれでいい。あなたは偉そうに、もちろんそれは、善意からだったと思う。人を助け、人を訓戒し、そのこと自体がいけないのではない。でも、自分が助けを必要とする側になったら、みっともないことに、それを全然受けとめられないではないか。あなたは人を助けて、いい気になっていた。その時に助けてもらった側の気持ちがどんなものだったか、あなたはわかっていたのか。あなたは今、実際に苦しんでいる。あなたが本当に『潔白で正しく、神を恐れ』ていたのならば、なぜこんなに苦しむのか。本当はあなたが正しかったというのは嘘で、隠していた罪があったのではないか。だから苦しんでいるのではないか。」

少し穿った見方かもしれませんが、友人の発言の底流には、祝されている人に対して人間が心の深いところで抱く「少しは苦しめばいい」という残虐な思いが流れているような気がするのです。

現代に生きる神の民のコミュニティーが、場合によっては教会が、祝されている人が苦しむことを密かに喜ぶようなことはないのかという問いかけを、ヨブ記は与えています。「それまで祝福されてきた人は、決して幸せになってはならない」という暗黙の価値観が根深いところで共有されていることが本当になかったと言えるのでしょうか。ここには、私たち現代に生きるキリスト者が人ごととして退けてしまえない、一度向き合わなければならない問題があるように思います。

登場人物の主張 (2)

ヨブ

さて、登場人物の主張に話を戻します。ここで、いよいよヨブの言いたいことをまとめます。

自分は生まれてこなければよかった（三・一〜二六）。自分は悪くない（六・二四）。（神さまに対して）どうしてあなたは、私の罪を赦してくださらないのですか（七・二〇、二一）。神さまは怒っておられるのですか（九・一三）。私は潔白だ（同二一節）。（神さまに対して）あなたは、人間が見ているように、ものが見えているのですか（一〇・

四）。（神さまに対して）あなたは、私の罪を見逃されません（同一四節）。神さまと論じたい（一三・三）。友よ、私を嘲笑ってくれ。あなたたちは、私を追いつめている（一九・二一〜二四）。神さまはみこころを変えない（二三・一三）。神さまは私の権利を奪い去った（二七・二）。自分は死んでも正しい（同五節）。神さまが自分を捨てておられなかった時に戻りたい（二九・二）。きちんと判断してくれさえすれば、私が神さまの前に正しいことが絶対にわかる（三一・六）。

とても切ない感じです。全部が奪い去られ、絶対権力者の前にただただ縮み込み、友の前にひたすら屈辱を味わいながら、自分の正しさを訴え続けます。

ヨブの考えは一貫していました。

「自分は正しい。神さまはどうして自分の叫びに答えてくださらないのか。」

このことだけでした。ヨブ記で論じられている神さまは、義である方（八・三、三四・一〇〜一二）、全能者（一三・三、三一・三五）、そして、権利を奪い去った方（二七・二）です。

神さまの介入

さて、三八章になって突然神さまが登場します。

「知識もなく言い分を述べて、摂理を暗くするこの者はだれか。」（二節）

言い換えると、「あなたはわたしの摂理を暗くしている。この宇宙に関することは、どれ一つとしてあなたが自分でやったものはないはずなのに」ということです。さらに神さまは言われます。

「あなたはわたしのさばきを無効にするつもりか。自分を義とするために、わたしを罪に定めるのか。」（四〇・八）

これに続いて、実はここが、神さまが一番おっしゃりたかったことなのですが、このように語られます。

「あなたには神のような腕があるのか。……さあ、誉れ、気高さで身を装い、尊厳と威光を身につけよ。……そうすれば、わたしはあなたをたたえて言おう。あなたの右の手があなたを救えると。」（四〇・九～一四）

神さまは、全能の力を発動すれば、いつでもそれができたにもかかわらず、あえて踏み出されませんでした。このことについては、次の章で詳しく述べます。

この章では、ヨブ記がどのような書なのかを見てきました。これらのことを心に留めたうえで、次の章では、クシュナーがヨブ記をどのように読んだかをご紹介します。

第二章　クシュナーが提示した神さま目線

クシュナーの三つの視点

ヨブ記の内容をざくっと理解したうえで、クシュナーの見解を見ていきます。クシュナーの言いたいことは、簡単にまとめると、神さまの造られたモラルが支配する世界には、以下の三つの要件があるということです。

視点①　人間〔私〕は正しい。【人生】〔六・二四、九・二一、一二・四〕
　試練に遭うのは、必ずしもその人の側に悪・罪があるからではない。
視点②　神さまは聖・愛・公平である。【道徳】〔一五・一一、三六・一五、一六〕

神さまはご自分の公平と愛のゆえに、人それぞれにふさわしいものを与える。

視点③　神さまは全能である。【力】（九・一〇、一一、四〇・二、四二・二）

世界で生じるすべてのことは神さまの力、絶対主権による。

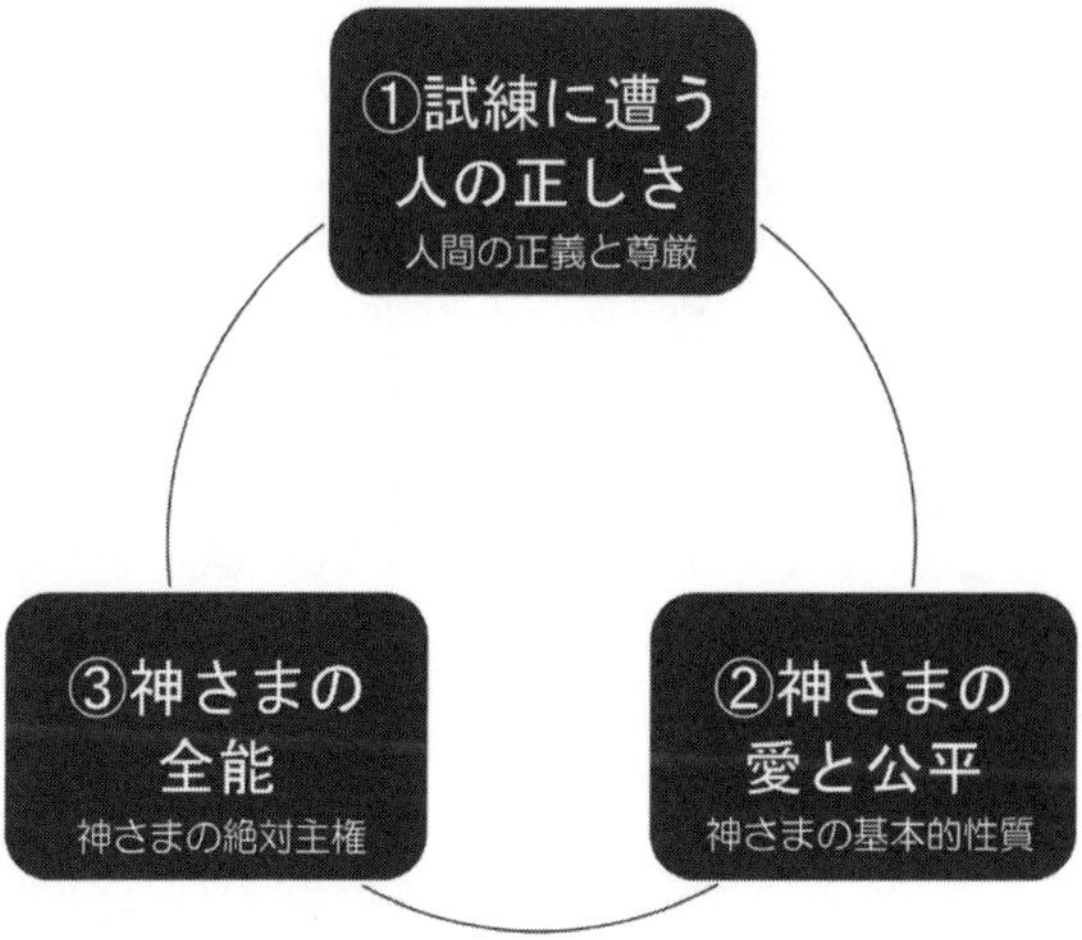

図3　クシュナーの三つの要素

おそらくこの三つは均衡を保っているのでしょう。図3のようになります。

さて、ここからが問題です。この三つの命題は、私たちの現実の生活において同時に成り立つのかということです。答えは「はい」です。この三つは問題なく同時に成り立ちます。しかし、そこには前提があります。この前提が崩れると、その瞬間、この三つは同時に成り立たなくなります。その前提とは、「自分の身に試練や不条理がふりかかっていないこと」です。つまり、平和な時です。ところが、不条理が自分の身にふりかかると、この三つを同時に成り立たせることができなくなります。

試練の問題は、他の人の試練であれば、いくらでも論じることができますが、その人しかわからない、いわゆる当事者性がその中核にあります。前章で見たように、ヨブの友人は、当事者性が理解できていませんでした。

クシュナーは、当事者の心に一定の納得を与え、直面している不条理の現実を受けとめられるようになるためには、どれか一つを譲ることでバランスを回復しなければならないと言います。三つのうちどれかを譲れば、苦しいけれども、とりあえず自分を納得させることができるということです。

さて、ここで質問です。あなただったら、どれが一番譲りやすいでしょうか。また、どれが一番譲れないでしょうか。

「神学的に考えて、視点①と視点②のどちらが大切ですか」と聞かれたとします。視点②でしょうか。もしそのように答えたら、優等生のキリスト者です。自分の正しさを捨てても、神さまの愛と公平は揺るぎないと考えるのですから、まさにヨブ記一章のヨブです。ところが三章以降のヨブは、視点①が一番大切になります。試練に遭う人間が間違っているのではない。これがヨブの本音、素の姿でした。

このように人間は、不条理の中に追い込まれてしまったことで失われた心のバランスを回復するために、三つのうちのどこかを譲らなければならないのですが、それぞれを譲った場合にどういうことになるか、クシュナーの提案を、友人の考え、ヨブの考え、そして記者の考えの順に、もう少し噛み砕いて説明していきます。

視点①についての議論——友人の考え

友人が、ヨブの気持ちを落ち着かせるために言ったことは、視点①を譲ればよいということでした（四・七、八・四〜六、一一・一四）。

「①の『自分は正しい』というあなたの考えは間違っている。あなたが試練に遭っているのは、あなたが正しくないからだ。あなたは、罪を犯していませんか。自分が罪を犯したと認めてしまえば、気持ちが楽になります。」ヨブはそれに反論します。「私は正しい、絶対に罪はない」（六・二四、九・二一、三一・二）。

友人の考えは、「自分が」ではなく、「人が」試練に遭ったときに最もしてしまう可能性のある言い方です。周囲の人が何か苦しいめに遭っていると、「この人、何か悪いことでもしたのかしら。バチがあたったのかしら」、「この方はなにか問題があるから、神さまがつらいめに遭わせておられるのかもしれない」、「聖くなければ神を見ることはできない、とみことばにもあるし、きっと神さまの『焼き』が入っているのよ」と直感的に、あるいは無意識に心のどこかで考えてしまいます。

しかし、この考え方は機能しません。もし自分が試練に遭ったら、視点①は絶対に譲りたくない……、これが人間です。これは当事者性です。それでヨブは、視点②に話を持っていこうとします。

視点②についての議論――ヨブの考え

ヨブが友人に対して言ったことは、視点①の「自分は間違っていない」ということでした。そして、視点を②に持っていきます。視点②を譲れば、この三つの命題はバランスを取ることができるということです。

「(②の)『神さまは聖・愛・公平』という考え方は違っている。問題はまさしく神さまの聖・愛・公平だ。愛の神は本当に生きておられるのか。」

　これが、ヨブが言いたいことでした。試練に遭ったときの人間の心は、次のように動きます。最初は、視点②で論じます。「神さまは本当に愛なのか。自分が試練に遭っているのは、神の愛と公平に問題があるからだ。」ところがいつのまにか、視点①で自分の気持ちを収めようとします。友人から何度も言われれば、なおさらです。「自分が試練に遭っているのは、自分が罪を犯したからだ。認めてしまえば楽になる。」そして、懺悔へ行きます。「神さま、悪いのは私です。」

　ヨブ記が言いたいことは、人間は、他人が苦しいめに遭うと視点①を譲れと言い、自分が苦しいめに遭うと視点②を譲れと言うということです。この二つの間で、せめぎ合いが始まるのです。

　ところが、ここからがヨブ記の本領発揮の部分です。実はもう一つの視点があるのではないか。そして、三つめの案が提示されます。

視点③についての議論——作者の考え

ヨブ記の作者は、視点①を譲っても視点②を譲っても問題は解決しないと考えました。

作者が提案したかったことは、最後の選択肢、視点③を譲る方法はないのか、ということです。

「③の『神さまの全能』の部分をもう一度見直してみることで、①と②が成り立つ可能性があるかもしれない。神さまの全能という、あまり手を触れようとしなかった点に勇気をもってメスを入れれば、この世界で実際に起きている現実の説明がつくかもしれない。」

ヨブ記の作者は、自分が言いたかったことと神さまのセリフを重ね合わせています。みことばを確認しておきます。四〇章六〜一四節です。

6　主はあらしの中からヨブに答えて仰せられた。

7　さあ、あなたは勇士のように腰に帯を締めよ。私はあなたに尋ねる。わたしに示せ。

8　あなたはわたしのさばきを無効にするつもりか。自分を義とするために、わたしを罪に定めるのか。

9　あなたには神のような腕があるのか。神のような声で雷鳴をとどろき渡らせるのか。
10 さあ、誉れ、気高さで身を装い、尊厳と威光を身につけよ。
11 あなたの激しい怒りを吐き散らし、すべて高ぶる者を見て、これを低くせよ。
12 すべて高ぶる者を見て、これを押さえ、悪者どもを、その場で踏みにじれ。
13 彼らを共にちりの中に隠し、その顔を隠れた所につなぎとめよ。
14 そうすれば、わたしはあなたをたたえて言おう。あなたの右の手があなたを救えると。

少しわかりにくいのですが、ヨブが神さまに「自分は正しい。問題はあなたの愛と公平にあるのではないか」と言ったことを受けて、神さまはヨブにどのように答えられたのかが表現されています。意味を汲み取りながら意訳してみます。

「あなたがつらいめに遭っていることについては、わたしもわかっているし、わたしもつらい思いをしています。あなたが今直面している試練は、わたしの愛と公平が問題なのではありません。問題は、わたしがマックス・パワーを制限せざるを得なかったことにあります。この宇宙は非常に複雑に組み立て上げられていて、単純な価値観では動かなくなっているのです。今、世界で起きていることのすべてを、力による介入で解決できるなら、まずあなたがやって見せてください。そうしたら、力が問題を解決できるというあなたの主張にわたしも同意します。」

要約すると、「あなたの直面している問題は、神の愛と公平がぶれてしまったのではなく、もう一つの視点、神が力を制限せざるをえなかったことにある」ということです。ところで、私たちの身の周りで起きる試練は、このヨブ記の作者の提案で説明がつくでしょうか。具体的なことを想定して、考えてみてください。

神さまの仰天プラン――全能の制限を受け入れる衝撃

実は、神さまの全能を信じるのが当たり前になっている私たちからすると、視点③をいじるのは勇気の要ることであり、人によっては「仰天プラン」と感じられるかもしれません。

「えー!?　神さまは全能ではないのですか。」

自分が苦しみに遭っているとき、どのように感じるかはまさに当事者性の問題であり、本人しかわからない領域のことです。苦しみの中で自分を支えているのは、神さまがいつか力をもって介入してくださるということに対する期待です。そのような時に、神さまは力を制限される可能性があるという命題を受け入れるのは難しいことです。

神さまの力の制限という考え方を採用したとき、キリスト者は苦しみや不条理の中で、慰め・励まし・希望を感じることができるのだろうか。これは一つ、考えなければならない点です。「神さまはマックス・パワーをもって働かれることは期待できない」と割り切ってしまうのも、どうも信仰的とは思えません。

疑義の視点の移動――神さまのご性質と力

さて、クシュナーが提案した三つのポイントについて、人間は、自分が問題に直面するとその間を行ったり来たりするようにして心がゆらぎます。そのゆらぎのプロセスを図にしました。図4をご覧ください。

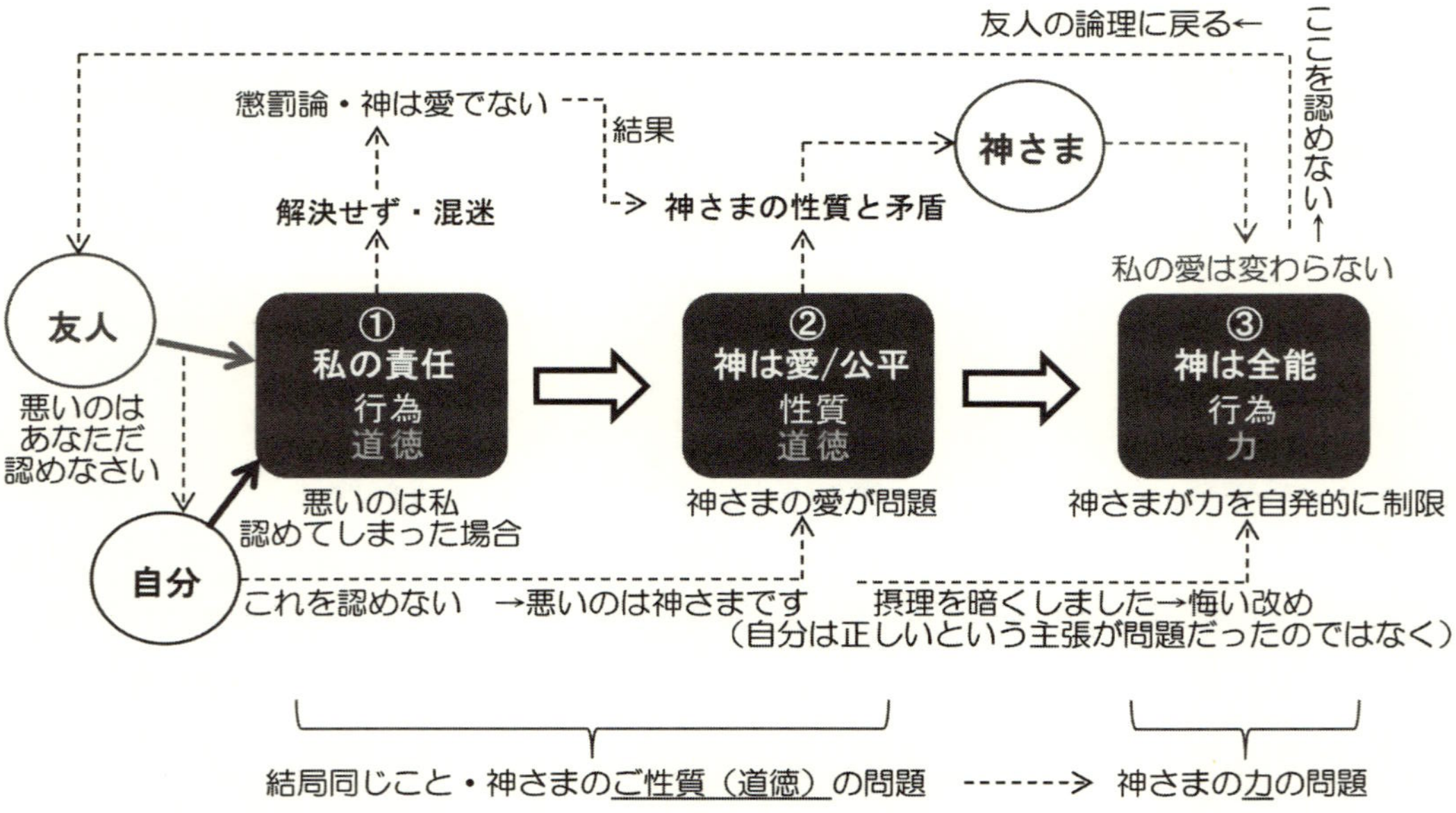

図4　三つの視点と心のゆらぎ

ここで大切なことは、①の「私の責任」と②の「神は愛／公平」は、神さまのご性質に関することであるのに対して、③の「神は全能」は、神さまの力に関することであり、①、②とは少しカテゴリーが違います。どちらが大切かといったら、①と②の神さまのご性質に分がありそうです。

さて、「心のゆらぎ」のプロセスを順次説明していきます。図を見ながらついてきてください。

まず友人が「悪いのはあなただから、そのことを認めなさい」とヨブに迫ります。ヨブが、この友人たちの責めを受け入れてしまった場合、それは、①の「私の責任」を認めることになります。ところがここにいくと、そこから上に出ている矢印の方向に行かざるを得なくなります。問題が解決しないどころか、同じことの繰り返しです。もしこのことを認めるとすると、それは懲罰論になり、神さまが愛ではなくなってしまいます。結果として神さまのご性質と矛盾することになります。

他方、ヨブがこの友人たちの責めを受け入れなかった場合、話はそこから右に出ている矢印の方向に行きます。そして、「悪いのは神さま」という結論になります。そうすると、神さまの愛と矛盾することになります。これは結局、②の「神さまは愛、公平」

という点と相容れないことになり、やはり、神さまのご性質と矛盾します。このように、①の「私の責任」と②の「神さまは愛／公平」は、結局同じことを意味していることになります。

さて、ヨブ記を通して神さまが言おうとされたことは、「わたしの愛は変わらない」ということです。もし、試練の中で神さまの愛が変わらないのであれば、残る選択肢は一つだけです。それは、③の「神さまの全能」という視点で調整が可能か。つまり、神さまが自発的にご自分の力を制限される可能性はあるのかという視点です。

ヨブは最後にこのことに気づいたようです。「知識もなくて、摂理をおおい隠す者」（四二・三）と言って悔い改めています。ヨブは確かに悔い改めました。しかしそれは、自分は間違っていないという姿勢を悔い改めたのではなく、神さまの摂理に対して無知であったことを認めたということです。

もし神さまが自発的に力を制限される可能性があるという点を最後まで認めないとすると、そこから上に出ている矢印の方向に行くことになります。結果として①か②で論じるしか可能性がなくなり、友人の論理に戻ることになります。

「悪いのはあなただ。だから、あなたが罪を認めてしまえば、この不条理の説明はつくし、あなたも楽になれる。」

ヨブだったら、おそらく認めないでしょう。しかし人間は切ないものです。しばらく頑張るのですが、つらさのあまり心がポキッと折れて、結局自分が悪かったからだ、と言ってしまうのです。

周囲にいる私たちは思うかもしれません。「なかなか心が砕かれなかったあの人もやっと悔い改めた。本当に良かった。試練は神さまのご計画だからなあ。それを認めないのは、神さまに対する罪になる。まあ、とりあえずは良かった。」しかしこの考え方は、ヨブ記によれば聖書の考え方ではありません。

三つのポイントがぶれた時の問題点

さてここで、それぞれがぶれたときの問題点を見ていきます。図5を見ながら、ついてきてください。ここでは、小さく評価した場合、すなわち譲ってしまった場合と、大きく評価した場合、すなわち過度に主張した場合について、それぞれ考えていきます。

まず、①の「試練に遭う人の正しさ」を譲った場合、Aです。これは、友人の考えで

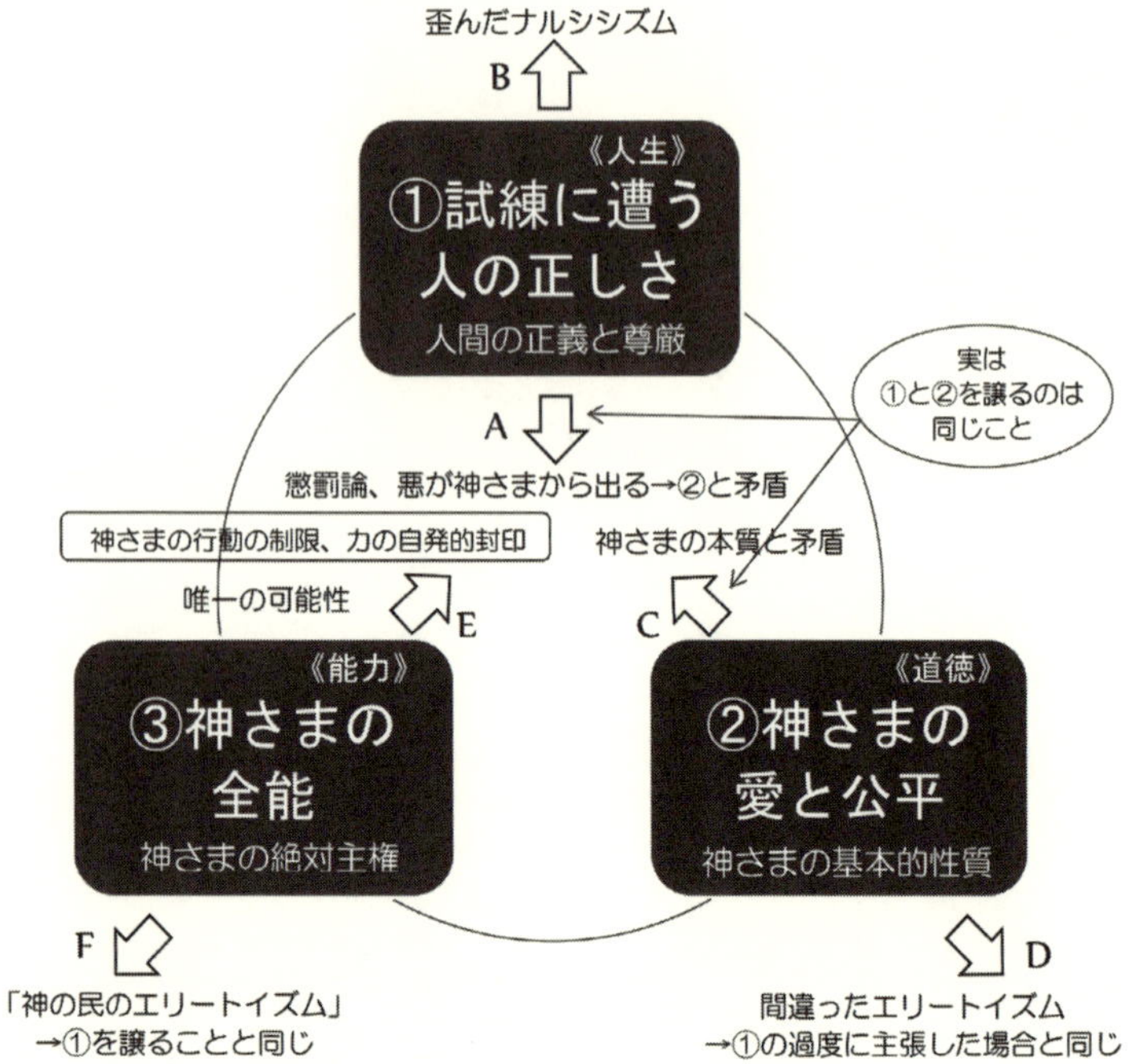

図５　三つの視点のズレと問題点

す。自分が試練に遭っているのは、自分が間違っているからだと考えます。これは、ゆるやかな懲罰論です。これは②を守るために①を譲っているように見えますが、先ほど述べたように、実は②とも矛盾します。試練に遭うのは、その人が悪いことをしたからだと考える神さまは、本当の意味で愛と公平の神さまではないからです。

また、一見するとそれほど重大ではないようにも思えますが、実はかなり大きな問題が発生します。悪が神さまから出る可能性を認めることになり、聖書の神さまの概念を否定することになるのです。ですから、これは間違いです。聖なる神さまから悪が出ることはありません。

今度は逆に、①の「試練に遭う人の正しさ」を過度に主張した場合、Bです。あらゆることについて自分は正しいと言い張る人生観、歪んだナルシシズムです。これは、ある線を越えれば罪になります。

間違えないでおいてください。視点①は、自分の人生のあらゆることについて自分は正しいという意味ではなく、自分が直面している問題について、自分にそれを引き受けなければならない落ち度があるのではないという意味です。

次に、②の「神さまの愛と公平」を譲った場合、Cです。これは、ヨブの考えです。しかし、これは少し考える必要があります。神さまの愛と公平は、神さまの道徳的な面との結びつきが強く、神さまの本質に関わるため、③の「神さまの全能」よりもはるかに譲りにくくなります。ここがぶれると、もはや聖書の神さまではなくなってしまいます。ですから、このCの考え方も間違いです。人間が問題に直面しても、それは神さまが愛でなくなったからではありません。人間がどのような状況にあろうとも、神さまが愛であることは微動だにしません。

今度は逆に、②の「神さまの愛と公平」を過度に主張した場合、Dです。神さまが愛であることをどれだけ強調しても強調し過ぎることはありませんが、人間が自分に関して、「神さまは愛なのだから」という開き直りをすれば、やはり間違ったエリートイズムに陥ることになります。場合によっては、神のかたちを組み込まれたことによって与えられている尊厳、あるいは人間らしさすら失うことになりかねません。

第三に、③の「神さまの全能」を譲った場合、Eです。これは、神さまの視点であり、ヨブ記の作者が最も言いたいことです。ヨブ記は、これが試練の問題を考える唯一の可能性だと語ります。

これは、神さまのご性質には手を触れずに、神さまの行動に焦点を当てているという意味で①、②と考え方が違います。①と②はそのままであっても、③を譲ればなんとか収まりがつくというこの考え方は、なかなか受け入れにくいものですが、むしろ弱さに寄り添う神さまを暗示しており、十字架を目ざす聖書の方向性とも合致しています。そしてこれが、聖書の牧会学の基礎になっているのです。

今度は逆に、③の「神さまの全能」を過度に主張した場合、Fです。どんな問題が起きても、結局神の民は最後に勝利するという考え方です。これはいわゆる「神の民のエリートイズム」と呼ぶもので、ぎりぎりのきわどい話なのですが、実は問題が発生します。

これは言い換えると、聖書の「水戸黄門化」です。しかし、聖書には、神さまがマックス・パワーで介入されない事例がたくさん記されています。もちろん、私たち神の民は、神さまのマックス・パワーを期待して生きるべきです。しかし、自分たちが特別だから、神さまがマックス・パワーをもって介入してくださるのが当たり前だと考えれば、健全な枠から少しはみ出してしまうでしょう。

神の民のエリートイズム

神の民のエリートイズムとは、「自分は神さまを信じているのだから、神さまを信じていない人よりも良い待遇を受けて当然だ」という考え方です。

旧約の神の民は何度もこの考え方に陥り、そのたびに神さまから「あなたがたは実際のところ特別な待遇を受けているかもしれない。しかしそれは、あなたがたが優れているからでもないし、数が多いからでもない。特別扱いされて当然だと考えるのは間違いだよ」と諫められています。

この考え方は、キリスト者の中に、少し歪んだ形で巣食っているように思います。確かに、神さまを信じている私たちは、神さまからの特別な配慮をいただいているからこそ生きていられるのです。しかし、それがあたかも当たり前であるかのように開き直れば、それは神の民のエリートイズム、言い換えれば選民意識です。

神の民のエリートイズムは、教団・教派が陥りやすい落とし穴でもあります。自分たちだけ特別だと考えれば、いつのまにか教会らしさは失われていきます。気をつけなければなりません。

また、祈って、自分がイメージするような祈りの答えを得ることができなかったとします。必要以上に落胆し、当然の扱いを受けなかったことを恨むようになります。しかし本来は、神さまの恵みは、神さまの全面的なご好意によるものだったはずです。神さまが自分のために働くのは当然だという思い込みには警戒しなければなりません。

この章では、クシュナーの見解、すなわち、ヨブ記には、友人の考え、ヨブの考え、そして作者の考えの三つが提示されているという見方を手がかりに、試練・不条理の問題を再考してみました。

その中でも特に三つめの作者の考え方、すなわち、神さまが全能を制限されることがあるという見方が、試練の問題を考えるためには必要ではないかということでした。しかしこの見方は、キリスト者にとっては少し複雑です。神さまは人間がイメージするようにはマックス・パワーで介入されない可能性を完全には否定できないということを認めるのは、簡単ではありません。しかし、状況がどうであっても神さまの愛は決して変わることがないこと、そして何よりも、その人が悪いからではないということ、この点についてはしっかりと押さえておかなければならないということです。

ここまで、ヨブ記の解釈について考えてきました。次の章では、十字架に向かう方向性を意識しながら、試練の問題について考えます。

第三章　十字架の愛に向かって

この章では、私たちの信仰との関わりで、ヨブ記の解釈に関係するいくつかの問題を考えていきたいと思います。

力を封印する理由

神さまは人間の問題を解決するために、どうしてご自分の力を発動することだけに集中されないのでしょうか。力でやってしまえば、これほど簡単なことはありません。ところが神さまは、マックス・パワーで問題を解決する方法を控えられることがあります。ここでは、考えられる理由を三つ挙げます。

第一に、前提として、聖書は神さまが力をどのように発揮されるかを記述している書ではない、ということです。聖書はむしろ、神さまがご自分のかたちに似せて造られた私たち人間を相手に、その御力をどう制限されたかが書かれている書であると言えます。私たちの持っている聖書のイメージは、神さまが力強くみわざを行われるというものです。確かにそうです。聖書の中には、神さまの力強いみわざが出てきますし、私たちの身の周りでも、神さまが祈りに応えてくださったという証しをする方が多くおられます。

しかし考えてみれば、この考え方だけでは聖書が読めないことに気がつきます。旧約の後半は、少なくとも見た目には、神さまが力強い御手をもって働くことがなかった歴史です。また私たちの現実を見ても、神さまがどうして働いてくださらないのだろうかと思うことがあるでしょう。神さまは働いておられないのでは断じてないというのが聖書のメッセージなのですが、当事者になれば、なかなかそうも受け取れないのです。

第二に、力でねじ伏せること自体が罪になる可能性を含んでいる、ということです。

力の行使が与える影響、それがもたらす結果は、時に破壊的であり悲惨なものです。力を行使することで、相手の存在と人格を尊重できなくなることもあります。相手を踏みにじることになることもあります。

神さまが罪を滅ぼそうとされたとします。論理的に考えれば、何かを抹殺してしまうためには、力を動員してそれをつぶしてしまえばよいのですが、力で何かとつぶしてしまうやり方自体が罪になる可能性もあります。ですから、罪を本当に解決するためには、逆転の発想でいくしかないのです。それは、罪に完全に負けてしまうという方法です。それが十字架でした。

第三に、人間があまりにも崇高な存在だからである、ということです。人間は、神さまの創造のみわざによって、神さまのかたちに似せて造られました。それはあまりに大きなことです。神さまの持っておられる尊厳、自由意志などが人間にも組み込まれているということです。力でねじ伏せればどうにかなるとは思えないくらい、人間は崇高で緻密な構造をしています。ですから、力を行使することによってどうにかなると考えれば、神さまの創造のみわざを理解していないことになります。

私たちも似たようなことを経験します。問題を解決しようとするとき、力でねじ伏せるだけではどうにもならないと感じることがあります。そこに人間が絡む場合は、例外なくそうです。仮に力でねじ伏せ、その時には収まったように見えても、あとで問題は表面化します。しかも、感情的なこじれ、憎悪、納得がいかないという感覚が織り込まれたうえで表面化するので、問題をさらに大きく、また深くしてしまいます。

責任を手にしたときに、全員が公平だと感じる介入の方法はありません。良いと思う人もいれば、良くないと感じる人もいます。たとえば、一番身近なこととして、親になったときのことを考えます。何か問題が起きたときに、一つの価値観を導入して白黒をつければ、子どもの一人は喜んだとしても、もう一人は納得しません。不公平感が残りますので、「ずるい」という抗議のことばが子どもの口から出ます。グループの責任を負った時も同じです。全員が良いと思う決定はないと言っても過言でないくらい、一つの価値観や基準を導入して、問題の解決を図るのは難しいのです。

もちろん、営利団体など、利益を得る目的だけで営まれている場合は別です。しかし、その場合でも、威圧感や権威を感じさせるリーダーシップは、そのグループ全体の士気を低下させ、時にはグループ全体が苦悩することになります。形はうまくいっても、不満や憎悪がメンバーの心の中に残り、いつか逆襲されることになります。
可能性は一つです。神さまが造られた世界、人間が関わる世界は、力ではなく愛によってという原則しか機能しないということです。

愛は、自分の力を制限することです。夫婦関係でも、親子の関係でもそうです。強い側が力を行使している限り、そこに愛の関係は生まれません。

神さまがご自分を制限されなかったら、私たちはズタズタになってしまったはずです。神さまは、愛のゆえにご自分を制限されました。ですから、祝福を注ぐことと、贖いを成し遂げるために力を自制することとの間のジレンマを引き受けながら、神さまご自身が苦悩しておられる、本当は力を行使することによって私たちを助けたいと願いつつ、愛のゆえに力を制限される、こんな股裂き状態の中におられるのです。これが聖書の伝えようとしたメッセージではないかと思います。

インマヌエルの重さ

神さまは、ご自分で力を制限するからといって、私たちを放っておかれる方ではありません。ご自分の力を自ら制限しながらも、それと祝福を注ぐこととのジレンマの中で、私たちを必死に守り抜こうとされる、これが「インマヌエル（神さまがともにおられる）」の意味です。ですから、必要な御守りは十分になされているから安心して生きていこうと思える、ここに、信じて生きることの意味があります。

制約の中で、私たちを必死に守り抜こうとされるこの神さまの痛みを知るとき、私たちは神さまがともにおられることの重さと意味をもっと重く受けとめなければならないと思います。

神さまの全能の奥行き

ここで、神さまの全能について確認しておきます。先に述べたように、力は発揮すればよいという単純なものではありません。

それでは、神さまが全能の力を行使されるとはどういう意味なのでしょうか。

神さまの全能とは、神さまが力任せに、好きなように何でもしてしまうという意味ではありません。そのような専制君主のイメージは、聖書の語る神さまのイメージではありません。神さまは、ご自分のご性質と矛盾することはなさいません。また、ご自分が組み込んだシステムを侵すことはなさいません。さらに、人間の自由を脅かすこともされません（デイビッド・A・シーモンズ著『子供服を着たクリスチャン』、第七章「祈りにおける幼さ」、イムマヌエル綜合伝道団出版事業部、一〇四～一二七頁を参照）。

神さまが全能であるというのは、神さまがしないでもよいことがあるということです。力任せに何でもしなければならないのであれば、それは不自由であって、全能ではありません。神さまの全能の意味について、シーモンズは以下のように述べています。

私が教会の若い人たちの訓練コースでよく尋ねる質問があります。「神には何でもできると思いますか」。ほとんどいつも全員が手を挙げ、このように答えます。「もちろん神だから、何でもできるはずだ」。私はさらに続けます。「本当ですか。本当にそう思う？　神にもできないことがあるか考えてみましょう」。二、三分すると、たいてい一人の子が質問の意味を理解し始めます。そしてためらいながら答えます。「悪いことや罪深いことはできないんじゃないかな」。神にもできないことがあることを理解することの大切さを指摘するなかで、いつも大変おもしろいディスカッションがそれに続きます。

「神にとって不可能なことはありません」という、私たちがしばしば耳にするみことばの裏の面を理解できるようになるのは大変大切なことです。神はすべてのことをすることができるということは、すなわち、神にとってできないことがあってもかまわないということを意味します。……私たちクリスチャンはこのように考えます。神の力は制限がないけれども、ご自分の道徳的性質と、創造された道徳的存在など、神ご自身がご自分の世に組み込まれた自発的な制限を除いて、制限がないということである。このテーマは、神ができないこと、神がなさらないことを考えるところから始めるのが良いのではないかと思います（同書、一〇六、一〇七頁）。

少し複雑なようですが、よく考えるとそうかなと思います。信仰が成長する伸びしろを持っているというのは、神さまの全能や力について、弾力性のある、現実的な受けとめができる、ということです。試練・不条理の問題を考え、ヨブ記を理解するためには、このような意味で、神さまの全能を理解する必要があります。

力の意味を聖書に則して正しく理解する必要があることを心に留めたうえで、次に聖書全体の方向性について考えていきます。

十字架への視座

ヨブ記は、神さまはご自分の力を制限することによって働かれると語っている、と前章で述べました。このメッセージは、聖書全体の流れの中に落とし込むことが可能でしょうか。

聖書は創世記から始まります。出エジプト記では、ヘブル人が原点と考える出エジプトの出来事が起きます。神さまが力をもって介入された一例です。ところが、その後、時代が進めば進むほど、神さまがご自分の力を制限される方向に動いていきます。サムエル記第一を見ると、民の要求に応じるようにして、王制が敷かれました。ところが、主役はすぐに王から預言者に移行します。これは、力の行使ではなく、ことばを伝えることによって神さまが働かれる時代になったことを意味します。旧約聖書の後半は、預言者が神さまのことばを託されるという方法で神さまが働かれます。

新約聖書に入ると、全能の神さまが有限な人間になるという「仰天プラン」を用いて神さまが働かれる時代になります。そして、その先には、受難と十字架があります。

十字架は力の制限であり、人間の目から見れば完全な敗北です。しかし、罪の問題、人間の問題の本質を解決するためには、この方法以外になかった、これが神さまのやり方でした。罪は、相手を打ち負かすことによっては解決できません。打ち負かすことが罪になるからです。ですから、受肉と十字架は、こちらが一度負けることによって、神さまの大逆転があるという発想の介入なのです。

このように考えると、ヨブ記の方向性は、聖書の方向性とそれほどズレていない感じがします。ヨブ記にも表現されている旧約聖書の方向性が、十字架を目ざすものであったことを確認しておきたいと思います。

聖書の流れ――試練・不条理のライン

ここで、聖書を立体的にイメージしてみましょう。創世記の最初を見ると、人間がどのような者かが示され、そのことの解答を表すプロセス全体が描かれていきます。このようになります。

創世記（善悪の判断を手に入れる）→十戒（律法の拘束）→福音書（十字架）→ローマ七章（律法からの解放）→黙示録（善悪の判断を返上）

これを「贖いの恵みのライン」と呼ぶことにします。

ところで、聖書全体をながめたとき、「贖いの恵みのライン」だけでは、どうも試練・不条理の問題が落ち着かないような感じがしていました。しかし、クシュナーの見解を知ってから、試練・不条理の問題が聖書の流れの中に落とし込めるようになりました。このようになります。

創世記（神さまの譲歩）→ヨブ記（全能を自制）→イエスの降誕（受肉）→イエスの十字架（敗北の逆説）→本当のインマヌエル（試練をともに歩まれる方）

これを「試練・不条理のライン」と呼ぶことにします。

このような視点で聖書をながめると、ある意味、矛盾やギクシャクがなく、聖書全体をイメージすることができます。ハッとするような感じでした。「贖いの恵みのライン」と同じくらい、キリスト教の本質を突いているようにも見えました。

試練・不条理の問題は、ヨブ記を正しく読むことで、聖書が何を言っているか、どこまでのことを言っているかが見えてきます。そして、新約的な視点で見れば、ヨブ記の考え方が射程に入れているのは、イエスさまとイエスさまの十字架です。あまり比喩的になるのもどうかと思いますが、私たちキリスト者から見れば、「私は知っている。私を贖う方は生きておられ」（ヨブ一九・二五）という言い方をしていることには意味があるのです。

聖書がイエスさまの十字架を指さしていること、そして、私たちの信仰のあり方も十字架に原点があることを確認しておきたいと思います。

ヨブ記の視点から信仰を考える

神さまの力の制限の問題、聖書が目ざす方向性の問題を心に留めたうえで、次に、現代に生きるキリスト者にとって、信仰とはどういう意味があるかということについて考えます。

ヨブ記で問題になっているのは、神さまは全能の力を行使されるか、神さまは愛か、そして試練・不条理の中にいる人に責任はあるのか、この三点です。

ところで、私たちの現実を考えたときに、三つのうちの一つを譲ることでバランスを取るのが最終的なゴールなのだろうかという疑問が逆に出てきます。どうも割り切り過ぎのような気がするのです。そこで、あらためて考えました。キリスト者がこの地上で神の民として生きるとは、

(1) 自分を悪者にしてしまわずに、
(2) 神さまの愛と全能の意味を、バランスよくとらえること

というふうに理解すべきではないかとも読み取れます。つまり、自分を悪者にしてしまわないことを前提に、自分がイメージするように神さまが全能を発揮されないこともあり得るということを認めながら、神さまの聖と愛と公平はまったくぶれていないことを

受けとめていくということです。

信仰とは、三つのどれかを譲ることで安易に自分の心を納得させようとすることではなく、三つの意味をバランスよくとらえることができる「心の奥行き」みたいなものではないでしょうか。もう少し砕いて言えば、

(1) 試練は自分が悪いから引き受けたのではないことを認め、同時に自分の正しさに立てこもらない。
(2) 運命論や厭世論に陥らずに、きょうを生きる意味を見いだす方向を探る。
(3) 神さまは、力の誇示によらない、より現実的な方法で御守りを与えてくださると信じる。
(4) 神の民のエリートイズムに立てこもらず、かといってあまり気にせず、シンプルに求めていく。

こういったことが心のスタンスとして可能になるということです。
三つのうちどれかを譲るという発想と比べると、どうもすっきりしません。私たちに

はどちらかというと、信仰に関することを白黒で割り切りたいようなところがありますが、私たちの生きている現実は実は白黒で説明がつかないことが多く、白と黒の間に限りなく広がっているグレーゾーンで信仰の意味を問いながら生きているようなところがあります。神さまの力の制限という言い方で割り切ってしまわずに、グレーな部分を残しながら神さまに期待していく、これが信仰ではないかと思うのです。

神さまの力を求める祈りの意味

神さまの力の制限とお祈りの問題を考えます。私たちはこのような祈りをささげるかもしれません。

「神さま。私のこの問題について、あなたの全能の御力をもって臨んでください。」

しかしこの祈りは、神さまの聖さ、偉大さを本当の意味では理解していない可能性があります。さらに言えば、神さまの聖さを軽視しているかもしれません。神さまが全能の力をもって臨んだらどうなるか。神さまの全能の力に触れたら、人間はその瞬間、木っ端微塵になってしまうほど、神さまの全能はとてつもないものです。そのことを認めたら、お祈りの仕方も変わるかもしれません。
神さまがご自分の力をもって介入された出来事が聖書の中に出てきます。その代表例は、出エジプトの出来事です。しかし、それでもマックス・パワーではないだろうと思います。本気で介入したら、ご自分が創造された世界は一瞬にして消滅してしまうくらい、神さまの聖さは桁違いなのです。まったく次元の異なる話です。ですから神さまは、状況に応じてその力を自制されるのでしょう。そう考えると、先ほどの祈りの意味はこうなります。

「神さま。私はとても困っているのですが、私が全能の力に触れて木っ端微塵になってしまわない程度に、程よく、十分にあなたの力を『制限して』、私が望むような結果で私の問題を解決してください。でも……、それで……、あなたの御名の偉大さを現してください。」

神さまの力を本当に認めたら、神さまが御力を現してくださるように真剣に祈りつつ、どのような現し方をしてくださるかは神さまに委ねていく以外にないのです。

実はこのことは、律法主義とも関係があります。律法主義は、聖い神さまの前に一生懸命生きているように見えながら、実は神さまの聖と力がわかっていない姿です。わかっていないから、自分で頑張ればどうにかなる、また、真面目な信仰生活を送ればどうにかなると思ってしまうのです。もちろん、信仰生活は不真面目でよいということではありません。しかし、神さまの聖と力がどれだけ偉大なものであるかがわかれば、自分で神さまの基準に達しようとは思わなくなります。そのとき可能性はただ一つ、神さまの恵みによってやっていただく以外にないという結論に至ります。これを「恵みの原則」といいます。

律法主義的な発想で祈ると、それは威勢の良い、一見信仰的な祈りに聞こえます。しかし、信仰の成長とともに、神さまの力の意味や神さまが造られた世界の奥行きについて知らせていただくとき、もし「恵みの原則」に立って祈ったら、どういう祈りが心から湧き上がってくるか、これはあらためて考えてみる必要がありそうです。

祈りは聞かれる

神さまがご自分の力を制限されるならば、私たちの祈りは聞かれないのでしょうか。そのようなことはありません。

私たちは祈り会でさまざまな課題を祈ります。実際のところ、祈ったらパッと答えが出るような奇跡はよほどのことでもなければ起きません。しかし、今までの、本当に限られた経験からなのですが、「教会の皆さまがささげる祈りは聞かれるなあ」という不思議な感覚が私の中にはあるのです。もちろん、祈ればそのたびに自分がイメージしているような結果が出る魔術まがいのことはありません。しかし、「もし祈っていなければ、そして愛の神さまがすべてをご存じでなければ、こういうふうにはならないだろうな」という印象を抱いたことは一度や二度ではありません。

私はここに、力では介入できない神さまの大きなジレンマを感じます。「できない」というのはそういう能力がないという意味ではありません。本当はすぐにでも介入して、全部をご破算にしてしまいたいにもかかわらず、あえてそれをなさらない、それができない、そのような神さまの股裂き状態、苦悩、涙を感じるのです。

お祈りについて考えるときに、断定してよいことが少なくとも一つあります。それは、神さまの愛は変わらないということです。神さまは、愛をもって介入することについては一切の妥協も、また逡巡もなさいません。

「祈りは神さまの愛によって、すでに答えられている」と信じていきたいと思います。私たちはもちろん神さまをコントロールできません。しかし、私たちが神さまをコントロールしないギリギリのところで、神さまは私たちに最もふさわしい最善の答えを出そうとされます。その方に希望を見いだしていきたいと思います。

ここにも、人間を迷わせない、神さまの絶妙な「程よい感」があるのだろうと思います。もし、祈りに対して神さまが力の介入だけで答えてくださるとしたら、私たちは神の民のエリートイズムにはまり込み、その先には困惑と、そして場合によっては滅びの世界が待っています。あらゆる局面を多角的に見ておられる神さまであるからこそ信じていける、ここにキリスト者の希望があります。

力による介入と愛による介入

さて、やはり最後はこの問題に行き着きます。それは、神の民は、神さまの全能の制限という命題を本当に受け入れることができるのか、ということです。苦しみの中にある人にとって、愛による介入が、力による介入よりも本当に意味のあるものになるのでしょうか。本当に慰めとなるのでしょうか。

力による介入はだれの目にもわかりやすく、いわば特効薬です。手前ごとで恐縮ですが、ある時期まで、体のことをあまり気にせずに奉仕に突っ走ってきました。ところが、自己ケアの不足が原因で、自分の体の一部が悲鳴を上げていることがわかり、痛みがどのようなものであるかを体験として知りました。神学的に考えれば、痛みそのものが神さまから来たものでないことはわかっていても、正直何とも複雑な気持ちになりました。それがイエスさまから来たものであったほうが、もしかしたら慰めになるかもしれないとも思いました。また、神さまがマックス・パワーをもって一発介入してくださったら、どれだけありがたいかとも感じました。一般的に考えられる試練・不条理に比べれば本当に小さな経験にすぎないのですが、頭ではわかっていても心はゆらぐものです。苦しみの中で友人から、「神さまは力による介入を制限される」などとバッサリ言われたら、きれいごとに感じるかもしれない、あるいは腹が立つかもしれないということも思いました。

試練の問題は自分が当事者になった途端、風景が一変します。そのとき、どれだけ神学的に正しいと頭ではわかっていても、神さまを、聖書的な正しいイメージでとらえることがはたしてできるだろうか。イエスさまが引き裂かれるような愛をもって私とともにいてくださることを受けとめることができるだろうか。力による介入の可能性を信じつつ、愛による介入が自分にとって意味があると思えるだろうか。実際、どれだけ励まし・慰め・希望となるのか。いずれも当事者性の問題であり、その場に置かれてみないとわからないことばかりですが、神さまの愛を、そしてイエスさまの御姿をさらに知っていくものでありたいと思います。自分ではできないことです。いきがっても仕方ありません。ただ神さまのあわれみを求めるばかりです。

神さまのマックス・パワーをも期待して

私たちキリスト者は、神さまのマックス・パワーを期待しているからこそ問題を乗り越えてここまでやってくることができたのも事実です。神さまはいつか私のために力をもって介入してくださると信じる、これは何も間違ったことではありません。むしろ、このように信じていくべきです。神さまは力をもって働かれることはないという割り切りは、信仰的ではありません。

問題は、神さまの介入の仕方を力という軸だけに限定してしまってよいのか、というところにあります。力という軸を大前提として認めつつ、愛という軸も欠かせないのではないか。むしろ愛という軸が、聖書の世界では前面に出されているのではないかということです。

重ねて確認しますが、神さまの力はあきらめなさいということではありません。神さまが力をもって働かれるという信仰は、簡単に手放してしまうべきではありません。神さまがヨブに伝えようとされた「摂理」を受けとめつつ、それでも神さまが見事に介入してくださることを信じていきたいと思います。

第四章　聖書の試練の神学

ここまでヨブ記の解釈を手がかりに試練・不条理の問題を考えてきました。この章では、それを「試練の神学」というかたちでまとめていきます。

まず、決してゆるがしてはいけない聖書の大原則から入ります。

試練・不条理は神さまから出る可能性はない

試練は神さまが人間に与えておられる訓練ではないか、という考え方は確かにあります。しかしこの考え方は、神学的には微妙な問題を生み出すことになります。人間は困難な中に置かれると自虐的になる傾向があり、心理的にバランスを取るために、体験的になんとなくそこで落ち着かせようとしますが、そうすると聖書の記述との整合性が失われるのです。

聖書に啓示されている神さまは、聖・愛・善です。神さまは悪の源ではありません。この地上に、人間が神さまから離れた結果として悪は存在しても、それは神さまから出たものではありません。

試練や不条理は、麗しいものでも好ましいものでも推奨すべきものでもありません。はっきり言って悪です。試練が悪だからこそ、なぜ善良な人に試練が襲いかかるのかが問題になるのです。正しいにもかかわらず悪を引き受けなければならないからこそ、不条理なのです。

聖書に啓示されている神さまが聖・愛・善であるという線は、絶対に譲れないところです。ここを譲ると、聖書解釈もおかしくなってきます。神さまイメージも歪んでしまいます。神さまは意地悪な存在になり、人間を自分の思い一つであしらうような、というていい愛の神さまとは思えないニュアンスが入り込んできます。そして、このような間違ったニュアンスが、キリスト者を苦しめ続けてきたのです。

試練・不条理が存在する理由

それでは、なぜ試練・不条理が存在するのでしょうか。そのことを考えるために、プロローグで学んだ、良かった世界に悪が存在する理由を、ここでもう一度確認します。神さまが創造された宇宙には、二種類の悪があるというとらえ方をしました。次の二つです。

(1) 道徳悪〔罪〕――殺人、虚偽、貪欲など、人間が罪人であることと関係する悪
(2) 自然悪――自然災害、飢饉、病気など、自然の出来事と関係する痛みや苦しみ

試練がどこからくるかを考えるとき、この二つの視点はヒントになります。また次のように考えることができます。

(1)に関係するのが、自由意志を持った人間の罪
(2)に関係するのが、自然の誤作動

人間が悪意をもって臨むか、あるいは神さまが造られた宇宙が、人間の罪の結果として、創造の時のように麗しく作動しない可能性があるということです。

なんとなく違和感が残るヨブ記一、二章の神さま描写

ここで、神さまから悪が出ないということと関連して、ヨブ記一、二章に書かれている神さまの描写に目を向けてみましょう。

問題は、神さまとサタンのやりとりです。ここで賭けの材料になったのは「無償性」です。無償性とは、ご褒美をもらわなくても人間は神さまに従い、神さまを愛することができるかということです。ヨブ記一、二章では、それを試してみようという賭けが行われました。

さて、ここが問題です。無償性を賭けるのなら、それはそれでいいのですが、その賭けの材料にされたその人の人生は、それこそたまったものではありません。そのようなことを平気でできてしまう神さまははたして愛の方なのだろうか。無償性を賭けるために、人間の人生を使ってしまう神さまって、どういう方なのだろう。キリスト者であれば、だれもが思うに違いありません。ヨブ記一、二章の神さま描写には、違和感が残り

ます。

ここに描かれている絵は、はたして聖書の普遍的真理のレベルに入れてよいものなのかということを少し考えてみる必要があります。私たちは聖書の記述から、神さまがどのような方であるかを描き出します。聖書のみことばは、それぞれ歴史文脈で書かれているために、全部の表現が必ずしもつじつまが合うわけではなく、やや極端な表現や、他の記述とのバランスが取りにくい表現も出てきます。

みことばの意味を決めるプロセスでは、一つのみことばだけを根拠にそれを真理にしてしまうことはしません。他の聖書の箇所とのバランスが取れるか、他の聖書の記述と矛盾することはないかを、必ず確認します。そして、他の箇所と折り合いがつかない場合には、慎重に考えたうえで、「このくらいのことを言っているのではないか」という枠を描き出す作業が必要になります。

そのような努力を可能な限り行うのですが、それでも最後は、神学する人がどのような人生観・フィロソフィーで結論を出すかで決まってしまうようなところがあります。ですから、同じ聖書を信じていながら、神学的立場の違いが出てくるのです。このようなことを考えると、はたしてこのヨブ記一、二章に登場する神さまの絵を、そのまま普遍的な真理としてよいのかは検討の余地を残していると思います。

ヨブ記がどのような書なのか、ヨブ記はどのように読めばよいかについて第一章で学びました。ヨブ記は、戯曲のようにして読むとイメージしやすい書です。そうだとすると、ヨブ記一、二章は「前説」です。もし戯曲ならば、観客に「見せる」だけでなく、「魅せる」必要もあります。そのあたりのことを十分に考慮して、みことばの意味を探る必要があります。

もちろん、ここですぐに結論を出すことはできません。しかし、ヨブ記一、二章の神さまは、他とのバランス調整なしにそのまま普遍的真理にはしにくいものが残るかもしれません。

このことを心に留めたうえで、はっきり言えることがあります。それは、試練の出どころは神さまでなかったということです。試練は、サタンの提案によるものでした。サタンから出ていたと見ることもできます。これは大切な点です。

神さまはなぜ止めなかったのか――ヨブ記のテーマ

そうだとすると、一つの問題が残ります。神さまはなぜサタンの提案を蹴ってくださらなかったのか。止めることもできたのではないか、ということです。そして、この「なぜ」が、ヨブ記全体のテーマになっていきます。もちろん、ここで神さまがサタンの提案を蹴られたら、ヨブ記の作者が伝えようとした大切なメッセージは、私たちに伝えられなかったことになります。

試練・不条理は罪の結果・罰ではない

悪が聖なる神さまから出る可能性はありません。同じように、試練・不条理も神さまから出ることはないと考えてよいでしょう。神さまから出ないのですから、当然のように、試練・不条理は当事者が悪を行った結果でも、ましてや神さまからの罰でもありません。この意味で、ヨブの主張は間違っていませんでした。

試練が、神さまが人間に与えるものでないのであれば、五章一七節に書かれているエリファズの発言、「ああ、幸いなことよ。神に責められるその人は。だから全能者の懲らしめをないがしろにしてはならない」という言い方は間違いです。私たちももし自分の友人が試練に遭っていたら言ってしまいそうな物言いですが、控えるべきです。

神さまは、私たちを責めておられないし、さばいてもおられません。私たちは、もし自分が試練に遭ったら、まずそのことを思い出すべきです。また、自分の友人が試練に遭うようなことがあったら、まず開口一番「あなたが悪いから試練に遭っているのではありません」と励ましのことばをかけたいと思います。

自然災害をどう見るか

ここで、だれもが遭遇する可能性のある自然災害や天災について整理しておきたいと思います。

私たちは天災について、ずいぶん間違ったとらえ方をしてきたように思います。神さまから悪いことが出ると仮定します。そうしたら天災は罪の結果である可能性がありますが、そうではないのですから、天災は罪の結果ではありません！　震災に遭われた方、土石流の被害に遭われた方、ある日突然犯罪被害者になられた方には、そのことについて何の責任もありません。

もちろん、人間が罪に堕落したことの遠因として引き受けなければならないものがまったくないと断定することはできません。また、人間が引き受けなければならないものの中には、いわゆる自業自得と言わなければならないようなものもあるかもしれません。しかし、自然災害はだれかの責任ではありません。

このことがぶれると、とてもおかしなことになります。震災に遭った方のところに出かけて行って、「あなたは何か罪を犯していませんか。あなたがこういう目に遭ったのは、あなたが悪いからですよ。何か罪はありませんか」と尋ねて回ることになります。これは、キリスト者の良心に照らして決して言ってはならないことです。

ここで問題になるのが、当事者性です。自分が被害を受ける当事者だったら、これで納得するわけがありません。必ずヨブと同じ発言をするはずです。「オレが悪いのではない」と。

自然災害は、人間が悔い改めなければならない神さまからの警告ではありません。この時こそ、神さまに立ち返るべきであるという見解もやや苦しいと思います。実は、自然災害で最も苦しみ、最も悲しみ、絶叫しておられるのは神さまご自身なのです。

間違ったキリスト者像

ヨブの友人が主張したように、もし①を譲って、自分が悪いから試練に遭っているという考え方を受け入れるとすると、試練は神さまから来ていることになります。そうだとすると、人間存在は、天地万物を創造した神さまから試練を送られて、縮み上がっている存在になります。これは聖書が描く人間の姿とマッチしません。

まず、人間の尊厳とのズレが生じます。こんな惨めな姿は、神のかたちが組み込まれている創造のみわざと合致しません。また、神さまの恵みが目ざす姿にもなじみません。聖書によれば、人間は贖いの恵みを受けて生かされている存在であって、神さまから試練を送られて縮み上がっている姿は、贖いの恵みを受ける人間の姿が目ざしている方向性と異なります。

間違った神さまイメージ

神さまから悪が出ると仮定すると、神さまは意地悪な存在になり、人間を自分の思い一つであしらうような、愛の神さまとはとうてい思えない存在になってしまいます。このような少し歪んだニュアンスが、キリスト者を苦しめてきたのかもしれません。

これは、私たちキリスト者が神さまをどのようにイメージしているかということと関係があります。神さまを、ただひと言で「カミサマ」としてしまうのではなく、もう少しその中身を見てみると、自分にとって神さまは、横暴な権力を行使する「王」であることもありますし、恐ろしい「裁判官」であることもあります。逆に、災害や困難からなんとか守ろうとされる「牧者」であることもありますし、私たちを子として導かれる、愛にあふれた「父」であることもあります。

自分にとって神さまが「王」・「裁判官」だったら、試練・不条理に遭ったとき、それらは、神さまが送ってきたものになるでしょう。しかし、そのような神さまは、聖書の神さまではありません。神さまから悪が出ることはないからです。

私は牧師です。主にある友、信徒の皆さまと、みことばの意味をお分かちするのが仕事です。自分の神さまイメージははたしてどのようなものか。みことばを伝える以上、このことには責任があります。なぜなら、どれだけ神学的に聞こえの良いことばを語っても、自分がどのような神さまイメージを内に持っているかは言外ににじみ出てしまうからです。それくらい、心の内側に取り込んでいる、そして場合によってはまったく聖書と掛け離れている神さまイメージは、強力な影響力を持っているのです。このあたりのことは、拙著『神さまイメージ豊かさ再発見』（イムマヌエル綜合伝道団出版事業部）でも説明していますので、ご参照ください。

試練・不条理は、神さまが与える訓練である可能性は低い

私たちキリスト者は、「試練＝神さまの訓練」というとらえ方で試練の問題を考えてきたようなところがあります。場合によっては傷ついた方がいるでしょう。「試練は神さまの訓練だよ」という割り切りをすると、心のバランスを取ることができるため、ついついこの言い方で収めようとしますが、こういう言い方はなるべくしない注意深さが必要です。

神さまが愛のゆえに、訓練として試練・不条理を与えることがあるのではないかという考えもあります。しかし、神さまは聖であり、愛しかない方なので、試練・不条理を訓練のツールに使う可能性は低いだろうと思います。神さまがもし訓練しようと思ったら、他の方法を取られるでしょう。そしてそれは、病気や災害など、どう見ても善ではないことを神さまの側から課してくるというのではなく、神さまの聖さとまったく矛盾しない方法であるはずです。

みことばの解釈の例――ヘブル人への手紙一二章

さてここで、聖書のみことばを見てみましょう。本書は、帰納的聖書読解法の考え方が土台にあります。聖書全体のバランスの中で、一つひとつのみことばがどのように解釈されるかを考えていく作業です。帰納的聖書読解法については、拙著『〝聖書読み〟のコツ』(いのちのことば社)をご参照ください。

聖書を見ると、本書の方向性と少し違う趣の、たとえば「試練は神の懲らしめである」というニュアンスで読めるようなみことばがあることは確かです。そのようなみことば全部をカバーすることはできませんが、説教や牧会の現場でもしばしば引用されるヘブル人への手紙一二章と申命記八章について文脈的な解釈をしてみます。

試練は神さまの訓練であるというニュアンスで書かれている箇所でも、おそらく一番有名なのは、ヘブル人への手紙一二章四～一一節でしょう。

このみことばを解釈するためには、まず文脈を理解する必要があります。ヘブル人への手紙は、初代教会のヘブル人に対して書かれた手紙です。迫害時代ですから、ヘブル人たちも激しい迫害の中に置かれていました。そのような状況の中で、現実をどのように受けとめたらよいかという示唆が書かれているのがこの箇所です。つまり、神さまは愛であり公平な方であり、不条理の中でも、あなたがたは神の子とされていることを忘れないように、という励ましを与えているのです。

一二章七節には、「訓練」ということばが出てきます。これは「教育」を意味していることばであり、エペソ人への手紙六章四節では「教育」と訳されています。また、「懲らしめる」という言い方が出てきますが、それは「訓練」と同じ語源で、「教え導く」という意味のことばです。ですから、一つの試訳として、これくらいの意味に理解するのがよいのではないかと考えています。

「教育と思って忍耐しましょう。神さまはあなたがたを子として扱っておられるのですから。父であれば子を教え導くはずです。」

このことは後述しますが、神の民は、不本意ながら試練や不条理を経験しなければならないにしても、それを意味もなく受け取るだけで終わりません。むしろそこに積極的な意味づけができるということです。「試練＝訓練」という構図を普遍的真理にしてしまうのはよくありません。試練・不条理を経験するとき、人間がそれに意味づけができることと客観的な事実とは別の話です。訓練的な意味で受けとめることができても、問題は神さまから来ているのではないということです。

みことばの解釈の例――申命記八章

もう一つ、申命記八章二、三節のみことばを見てみましょう。

「あなたを苦しめて、あなたを試み、あなたがその命令を守るかどうか、あなたの心のうちにあるものを知るためであった。それで主は、あなたを苦しめ、飢えさせて……」と書かれてあります。

確かに、文字どおりに取れば、神さまがイスラエルの民を苦しめて、忠誠心があるかを試したと読むことも可能です。

この表現で描き出される神さまイメージは、とても厳しく見えます。受け取りようによっては意地悪にも感じられます。善にして善のみを行われる神さま、どこを切り取っても愛しかない神さま、聖なる方であり、悪が微塵も入る隙がない神さまのイメージとなじみません。

ところが、現代に生きるキリスト者が、心のどこかにこの微妙な意地の悪さを感じているということがあるのではないかと思います。神学的には確かに愛の神さまです。聖なる方です。しかし、心の深いところで、あるいは正直になったときに肌身で感じているのは、次のようなことかもしれません。

「なんだかんだ言っても、神さま厳しいから……。こちらが足りなければ、別にわざわざ意地悪をしようというのではないけれども、やはり人間がつらいと感じるいろいろな問題を送ってくることもあるよね。」

このように、一か所のみことばが聖書全体のイメージとズレてしまうときにどうするかは大切です。そのみことばだけを真理にしてしまうのではなく、全体とのバランスを取らなければなりません。全体とのバランスを取らないと、ツッコミどころ満載の考え方になってしまいます。

この文脈は、モーセがイスラエルの民に言ったことばです。どこまでも不誠実な民に対して、神さまのことを侮ってはいけないということを言いたかったのではないかということは、考慮に入れる必要があるでしょう。また、聖書全体からすると、「神は、あなたを苦しめて」のひと言を神学的真理にしてしまってよいのだろうかという疑問が残ります。聖書はむしろ、このような言い方の反証に満ちている書です。

試練が神さまの与える訓練であるというニュアンスのみことばは、ほかにもありそうですが、聖書全体のメッセージとなじまない言い方が出てきたときには、歴史文脈をきちんと見たうえで、聖書全体のバランスの中でみことばの意味を決めていく作業が必要になります。

神さまは一時的に全能の力を制限されるが、私たちへの愛の事実は変わらない

神さまは、私たちがイメージするように、マックス・パワーで介入されないことがあるということを心に留めました。しかし神さまは私たちを見捨ててしまったのではなく、さらには、愛することをやめてしまわれたのでもありません。一時的な力の制限は、愛さなくなってしまった証拠ではありません。

むしろ、あまりに精巧にできすぎてしまっているこの世界の中で、力ではなく、愛をもって必死に働いておられる、また愛をもって必死に私たちを守ろうとされる、これが聖書の啓示する神さまです。「神は愛」なのです。

不幸が発生するときには、そのこと自体には意味はない
――起きる可能性があるということ

私たちキリスト者は、不幸が自分の身にふりかかると、それは神さまの訓練であると思い込むか、神さまは意地の悪い方だと感じるか、神さまの愛はどこにいってしまったのかと思って神さまを責めるか、場合によっては因果応報の考え方が頭をよぎるか、だいたいそれくらいの反応をしそうです。

しかし、この世界で不幸が発生することと神さまの愛の間には、直接的な関係はありません。私たちがどうだったかということとも直結していません。なぜそれが自分の身にふりかかってしまったのかを合理的に説明できなくても、不幸が起きたこと自体には意味はありません。ただ、神さまが造られたこの精巧な宇宙で、罪の結果として、不幸が起きるという事実があるだけです。

当事者は、それに意味を与えることができる

試練・不条理は神さまの罰でも訓練でもないというところに立つとします。試練の経験は、当事者にはとてもつらいものであり、当事者しか理解できないものです。しかし、その経験が、自分の人生と信仰にとってきわめて大きな意味があったと証しされる方は少なくありません。

これはどういうことかというと、試練・不条理は神さまから出たものではなくても、受ける側が信仰を働かせるときには、そこに意味づけをすることができるということです。試練は、神さまが、何か意図することがあって与えているものでは必ずしもないのですが、受ける側の受け取り方によって、それをまったく無意味なものにしてしまうことも、反対にそれを非常に意味深いものにすることも可能だということです。

実際はとても大変なことだと思いますが、もしつらい経験の中で意味づけをすることができれば、それは、私たちの信仰を深める恵みのチャンスになります。結果として自分を成長させてくれる糧にすることもできます。それが、私たちが生かされている恵み

の世界です。

神さまは試練の中でこそともにおられ、涙し、地上で最も悲しみ、苦悩しておられる

私たちは自分が試練に遭うと、神さまは本当に愛なのかと疑います。さらに、神さまがご自分の力を制限されるとなれば、神さまは本当に愛なのかと思うかもしれません。「あの苦しみの中で、あなたは私を助けてくれなかった。」このように感じることも当然あり得ることです。

「受肉」の神さま――新約聖書のメッセージ

それでは、私たちの信じる神さまは、神の民のために何もしてくださらない方なのかというと、そうではありません。私たちと同じ人となって、私たちの中に入って来られた方です。私たちの愛するイエスさまです。私たちと同じ人となって、私たちの中に入って来られたことを「受肉」といいます。キリスト教の本質であり、中核です。

クシュナーのヨブ記の解釈は非常に優れたもので、まさに「目からウロコ」でした。しかしおそらく、この受肉という視点が、クシュナーと私たちキリスト者の異なる点だと思います。

神さまは、私たちがイメージするような形では、マックス・パワーで介入してくださらなかったとしても、私たちのために必死で働いておられる方です。力の介入が本当の解決をもたらさないということと、私たちを愛し抜かれ、何とか守らなければならないということと、この二つの思いの間で、引き裂かれるようなジレンマに絶叫しておられるのです。このように考えると、イエスさまが人となってくださったというメッセージは強烈です。

神さまは苦しみの中でこそ私たちとともにおられる方です。これが「インマヌエル」の意味です。決して何もしておられないのではありません。懸命に苦しみの中にいる私たちとともに歩み、ともに重荷を担おうとされます。私たちの祈りに耳を傾け、何とか祈りに答えようとされます。ヨハネの福音書一一章のベタニヤの姉妹が、必死の思いで「主よ。来てご覧ください」と訴えたとき、イエスさまはともに涙を流されました（三五節）。これが受肉の意味です。

不条理を経験するとき、私たち当事者は、苦しみ、そして悲しみます。これが当事者性です。ところがもっと苦しみ、悲しんでいる方がおられます。それがイエスさまです。神の民が苦しむとき、この地上で最も苦しみ、最も悲しんでおられるのがイエスさまです。

神さまの立ち位置、インマヌエル

インマヌエルの意味を確認します。聖書の視点によれば、試練は神さまから来るものではなく、神さまの訓練でもありません。神さまから出ているのであれば、神さまは向こう岸にいて、「あの人は最近少し信仰的でないから、ここで一発、試練を送って鍛えよう」とお考えになっているかもしれません。しかし、聖書の神さまは、向こう岸からこちらに向かって鉄砲を撃っているような方ではありません。図6をご覧ください。

私たち神の民が試練に遭うとき、イエスさまは私たちと同じこちら側におられ、私たちといっしょにその試練を引き受け、それに苦悩し、涙し、「なぜ、このような不条理を引き受けなければならないのか」と怒りを感じられる方です。もし試練が神さまから来るのであれば少し事情は変わりますが、繰り返し述べているように、試練・不条理は

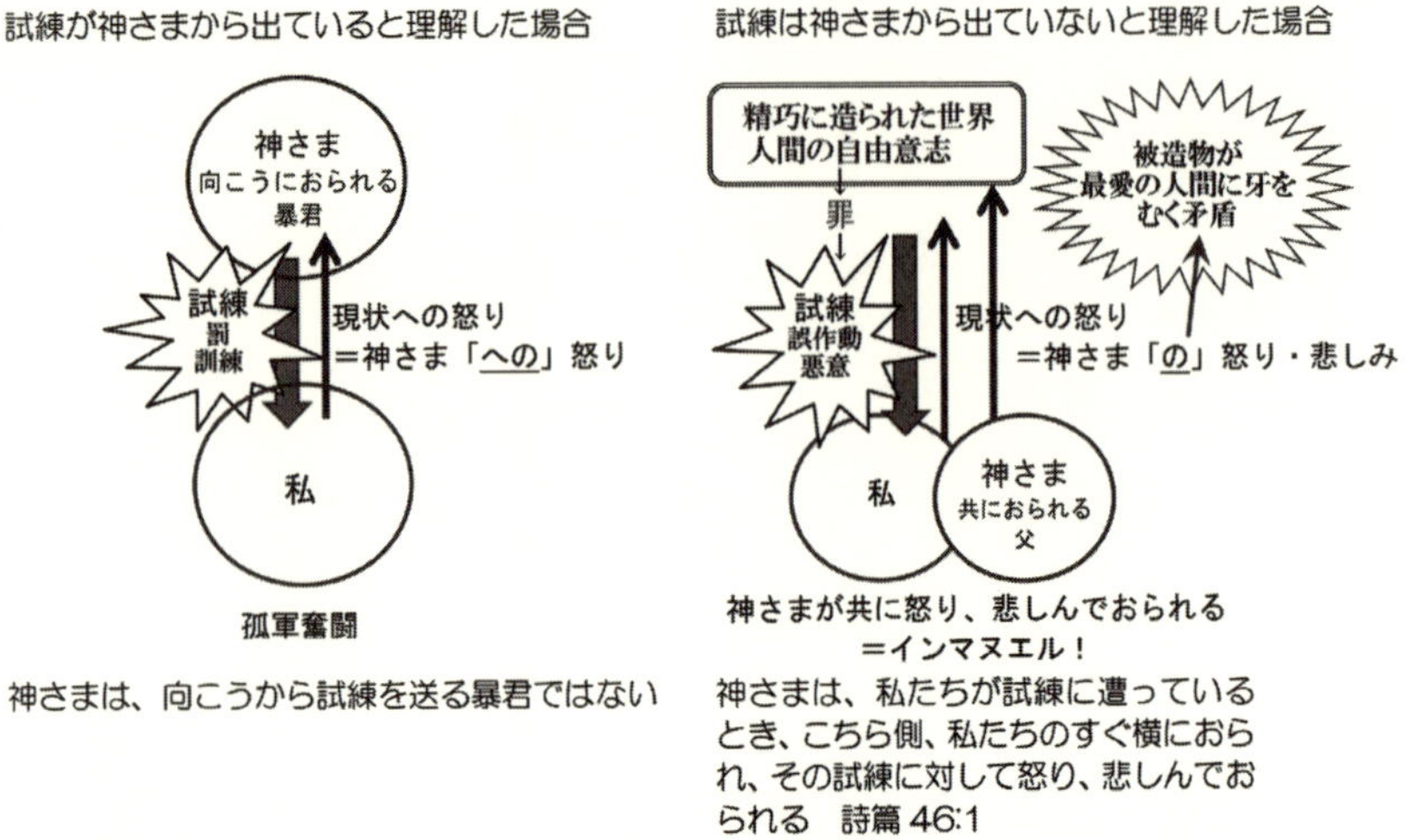

図６　試練の中でのインマヌエル

神さまから出ていません。神さまも試練を受ける側にいて、私たちの試練をご覧になって苦悩し、怒られます。その神さまと同じ立ち位置に立って、私たちも不条理の現実を怒ることができるのです。そのときこそ、「イエスさまとともに」いる！　まさにインマヌエルなのです。

神さまの怒り、私たちの怒り

怒りという感情は、人間の感情の機能の一つです。人格の尊厳を踏みにじられたときに感じる、人間が本来持っている機能です。ですから、神さまの創造のみわざの大切な一部であり、それ自体は罪深いものではありません。

「怒らないのがクリスチャン」ではありません。イエスさまも怒られました。怒りそのものを否定してはいけない理由として、これ以上の理由はありません。

しかし、怒りは「取り扱い注意」の感情であることは間違いありません。扱いようによっては、人を切り裂く結果になることもありますし、怒りを感じている本人を滅ぼす結果になることもあります。ですから聖書は、怒りはニュートラルであることを認めながら、日が暮れるまで持ち続けていてはいけないと戒めています（エペソ四・二六）。怒るという行為は、とても大きなエネルギーを使うので、あまり長くその中にいると、自分が疲弊してしまいます。

私たちが経験する試練・不条理は、それが自然災害であれ、病気であれ、自分には責任がないことがほとんどです。ですから、怒るべきなのです。ヨブのように、自分は悪くないと、はっきり主張するべきなのです。

神さまを赦す

さて、ここで、怒りということについて一つのことを付け加えておきたいと思います。

私たちは、自分が試練に遭ったとき、その不条理に対して怒ります。そして、私たちとともにおられる神さまも怒っておられるはずです。「なぜ、私の愛する子が、このような不合理な苦しみに遭わなければならないのか」と、慟哭しておられると思います。

ところが、先にも述べたように、試練の受けとめ方は、それを受けとめる私たちの側の神さまイメージが少なからず関係しています。長いこと心の中にしまい込んできた神さまイメージが間違ったものであるとき、実は私たちの怒りは、試練や不条理そのものに向けられているのでなく、私たちを創造した究極の存在、心の中にしまい込んでいる神さまに向けられている可能性があります。

実は、神さまにとってはこれが一番の不条理です。愛して愛して、愛し抜いて造った人間が、自分に対して間違ったイメージを持ち、怒りの矛先を向けてくるという矛盾です。

モーセの生涯を見ると、モーセは神さまに対して怒りをため込んでいたのではないかと感じます。それが最もよく表現されているのが民数記二〇章の出来事です。民から水がないと言われたとき、モーセは手にしていた杖で岩を叩きます。そしてこれが、モーセがあれだけ入りたかった約束の地に入れない理由になっている、と聖書は語っています。

神さまに対して心の中で怒っているのであれば、それをないことにしているのはよいことではありません。結局、時間の無駄になります。自分を抑えるのでなく、神さまに向かって正直に怒るべきです。遠慮は要りません。ええかっこしいでキリスト者ぶっているのであれば、それは偽善者です。そのような姿を神さまは喜ばれません。「なぜあなたは、私がこんなに苦しんでいるのに、助けてくださらないのか」と、正直にぶつかってみるべきです。このような正直な姿を、神さまはそのまま受けとめてくださいます。キリスト者の人生はこの意味で、神さまを赦すプロセスであると言うことができます。

「えっ、神さまが私たちを赦すのではないのですか。」

そのとおりです。確かに、私たちは神さまによって赦されなければならない、罪深い存在です。しかし、聖書が語ろうとしていることはそれだけではありません。私は、自分を創造してくださった神さまを本当に赦しているか、これもキリスト者の成長と深く関係した大きな問題です。

神さまに対して怒りをため込んでいることがいけないと申し上げているのではありません。人間はそういうものです。それが現実です。いけないのは、そのようなものはない、と自分を偽ることです。

神さまに怒りをぶつけるプロセスは、相当のエネルギーが要ります。不条理の渦中ではつらいかもしれません。場合によっては、しばらくして落ち着いたところで、自分が神さまに対してどのようなイメージを持っているか、どのような意味で怒りをため込んできたかを、心を静かにして振り返ることも意味があると思います。そして、そこに、本当の意味での和解があるのだろうと思います。

この章の終わりにモーセのことですが、私は、約束の地に入れなかったのは神さまの刑罰ではないと考えています。それは、三十八年の熾烈な奉仕でボロボロになり、人間としての限界を迎えたモーセに対する神さまの配慮です。「わたしの愛する子にこれ以上無理をさせることは、わたしにはできない」とおっしゃる神さまの愛の現れだろうと思うのです。

私たちの信じる神さまは、自分の人生を曲げて、生涯を自分のために使ってくれたモーセに対して、ただ一回の阻喪だけでご褒美を差し控えるような残酷な方ではありません。そのようなことを平気でできてしまう方であれば、それは鬼です。そのような神さまだったら、信じるに値しないと思います。

モアブの草原で、カナンの地を展望しながら、モーセの中に残念な思いがなかったとは思いません。しかし、「よくもブチ切れ人生を歩んだ自分のような者を神さまは受けとめ、エジプトでも業務上過失致死事件を起こした過去を持つ私を、神さまの尊いお仕事のために使ってくださった」と、感謝と納得をもって地上の生涯を閉じたのではないか。モーセの生涯全体を見るときに、そのような神さまの恵みとあわれみを思います。

第五章　究極の牧会者イエスさま

　ここまで、ヨブ記の解釈を中心に、神さまの全能についての理解を深めることが一つの鍵になるという視点で、試練・不条理の問題を考えてきました。

　最後に一つ、とても大切なテーマが残っています。それは、主にある友が試練・不条理を体験しているとき、私たちはそれをどのように受けとめたらよいか、真の友であるとはどういうことかという問題です。ヨブの友人たちにも思いを馳せながら、真のイエスさま的援助について考えてみたいと思います。イエスさまこそ、真の友であり、真の牧者であるからです。

受肉の神学再考――キリスト論の必要

イエスさまの視点でものを見るのを、キリスト論的視点といいます。キリスト論的視点の中心は受肉です。そしてこれが、キリスト教の、そして福音の中心です。他の宗教にはない、キリスト教独自の視点であり、非常にパワフルなメッセージになっています。

全能の神さまが、自らその全能を制限される可能性があるという方向性の先には、イエスさまの受肉があります。イエスさまが神さまでありながら、私たちと同じ人となってくださった、そして私たちの生活空間に飛び込んで来て、試練・不条理の中であっても、私たちとともに涙し、悲しみ、ともに歩まれるというメッセージです。これがインマヌエルです。これが福音です。

全能の神さまが、すばらしく良かったと言われるこの世界に入って来られるためには、その全能を制限し、愛によって介入するしかおそらくありませんでした。それがイエスさまです。

一般に試みられてきた言い方——すべて善意

さて、このキリスト論的な考え方を前提に、私たちは試練・不条理の中にある友に、どのように手を指し伸ばすことができるでしょうか。何とか助けたいと考えるのが人情です。キリスト者であれば、一定の犠牲を引き受けてでも、苦しみの中にある友の助けになりたいと考えます。

たとえばですが、苦しみの中にある友に対して、以下のような言い方がされます。

(1) 私もそうだった。
(2) 神さまのみこころ、ご計画がある。最後は益となる。
(3) 何かの報いかもしれない。
(4) 信仰をしっかり持って頑張りなさい。
(5) 時間が経てば事態は自然に解決するかもしれない。

いずれも善意であり、人道的であり、信仰的にも見えます。しかし、ヨブ記の見方からすると、どれも聖書的ではありません。それぞれの言い方がどのような意味を持っているか、どこに問題点があるのかを見ていきます。

(1)　私もそうだった。

意味は、「あなたは私と同じ」ということになります。仲間意識に訴え、安易な励ましを狙うやり方です。問題点は、人間存在・人間の経験はオリジナルだということを見失っているところです。当事者性も意識されていません。

(2)　神さまのみこころ、ご計画がある。最後は益となる。

意味は、「神さまは残酷な方だ」ということになります。問題点は、信仰からの意味づけをし、一見とても聖書的、信仰的に見えます。しかし実は、神さまについて、とても歪んだとらえ方をしています。聖書の神さまから悪が出ることはありません。試練の中にいる方にとっては、とても残酷な宣言になります。

(3) 何かの報いかもしれない。

意味は、「あなたに問題があった」ということになります。これは、ヨブの友人の見方です。勧善懲悪思想にもつながります。問題点は、(2)と同じように、神さまから悪が出ることになります。

(4) 信仰をしっかり持って頑張りなさい。

意味は、「あなたは信仰が足りない。だから試練に遭っているのだ」ということになります。ガンバリ主義、根性論にいきます。問題点は、励まそうという好意が、あなたは信仰が足りないという指摘になってしまうところです。また、(2)と同じように、神さまから悪が出ることになります。

(5) 時間が経てば事態は自然に解決するかもしれない。

意味は、「辛抱するしかない」ということになります。試練の中にある方からすると、突き放された感じです。この言い方は運命論的な感じがして、どうも聖書のニュアンスとなじみません。

繰り返しますが、いずれも善意であり、人道的です。つい言いたくなるような言い方です。特に(1)は、私も牧師として何度も言ってきました。しかし、どこが問題なのかといえば、ヨブ記の視点に合わないということとともに、そしてこれが非常に重要なのですが、当事者性が理解できていなかったということです。

どの発言を見ても、人が試練に遭っているときには言いたくなりながら、自分が試練に遭ったら認めたくないものばかりです。ヨブと友人のやりとりと同じように、励まそうとする側は一生懸命なのですが、励まされる側にはあまり意味がありません。結果として、他人に励ましを与えたいという思いを満足させることはできても、場合によっては苦しんでいる方が傷ついてしまうこともあるのです。

「仕える」とは、仕える側が励ましたいという思いを満足させることではなく、ひとえに受け取る側がどうかということです。ここで、イエスさまに目を向けてみましょう。

奉仕のモデル・キリスト

「奉仕」というと、何かを「やる」というイメージがありますが、実はそうではありません。確かに、奉仕は活動です。ほとんどの奉仕は、「やる」という括りで理解することができます。しかし、不条理の問題、極限の問題になると、「やる」ことがまったく機能しなくなります。アドバイスしたり、励ましのことばをかけたり、これですむ問題は、実は浅い問題です。

「いる」方

イエスさまは、この地上に人として誕生してくださいました。人として誕生するというのは、「やってもらうしかない」、「ただそこにいるしかない」存在になってくださったということです。さらに、これこそ受肉の真髄なのですが、そこにいるだけでは生きられない、人の手を借りなければ一日も生きられない存在になってくださったということです。

イエスさまは、気の毒な女性のそばに、ただ「いた」方です（ヨハネ八・六）。生涯を通じて、「いる」ことを大切にされました。困った人のそばに「いる」方でした。その「いる」だけの生涯は、最後は十字架に向かいました。

十字架の上では、十字架上の罪人のそばに「いた」方でした。手足の自由も奪われ、ただそこに「いる」だけで、何もすることが許されない状態でした。奉仕のご生涯において、困った人がいれば、何度も御手を差し伸ばされました。しかし、十字架の上では、その御手も釘づけにされ、動かすことが許されませんでした。

ところがイエスさまは、すべて奪い去られている状態の中で、まさにそこで生涯を閉じようとする二人の人に耳を傾け、温かいまなざしを送り、温かい声かけをし、その必要に見事に仕えられました。これこそ、私たちの奉仕のモデルです。

私たちは、奉仕というと、どのように「してあげようか」をまず考えます。ところが、よく考えてみてください。「してあげよう」という発想自体、上から目線です。そのようなあり方は、イエスさま的発想とはなじみません。イエスさまの奉仕のモデルから学ぶことは、奉仕はその方の横にただ「いる」ことなのです。

お手上げ状態

十字架は、両手を釘づけにされる場所、つまり、お手上げ状態の場所です。無力な存在になって自らをさらす場所です。無力の極地です。十字架のキーワードは「無力」です。

私たちはだれかを助けたいと思うとき、相手の発想でなければならないと考えます。これは間違っていません。自分の発想で近づくよりもマシです。そして、相手を慮るあまり尋ねます。

「私に何をしてほしいのですか。」

自分のやりたいことを押しつけているのではないという点では合格です。しかし、この問いは間違っています。困難の極地にいる人に対して、「私に何をしてほしいのですか」と尋ねる問いは意味がありません。なぜでしょうか。その理由は当事者性です。つまり、問題が深刻であればあるほど、その難しさは当事者にしかわからなくなります。困難の極地、「死」について言えば、共有できる部分はほぼゼロです。だれも前もって体験できません。ですから、そのような場面で「私に何をしてほしいのですか」と尋ねると、「この困難の極地で、あなたは何かができると思っているのですか」と、逆に問い返されてしまう問いなのです。

人が本当に困ったときに求めるのは無力さです。知性でも、知恵でも、判断力でも、手腕でもありません。本当に困ったときに人が求めるものは、同じ目線で無力をいっしょに生きてくれる人です。

無力の不思議な力

「自分が無力で、困った人を助けることができるのですか。」

もっともな質問です。無力で人を助けることはできないというのは、そのとおりです。そうでありながら、実は無力には不思議な力があります。問題が深刻であればあるほど、無力はその不思議な力を発揮します。その力とは、「存在の肯定」、すなわち「対象を肯定できる」という力です。

こちらが、能力やスキルや助けてあげたいという「いきがり」で近づくと、本当に弱さを覚えている方、本当に困っている方は、自分が否定された感じになります。場合によっては上から目線で見られていることを感じ取り、その時点で援助を拒否するでしょう。

ところが無力は不思議です。困難の中にいる人に安心感を与えます。受け手のほうが、唯一安心できるアプローチです。心を開いていただけるかもしれません。

心から共感することは人の助けになりますが、同情がかえって迷惑になる理由がここにあります。共感は、平易な心でいっしょに感じようとすること、心を添わせようとすることですが、同情は情けをかけてあげることです。同情すること自体、上から目線ですから、受け手のほうに非常に嫌な思いを与えることになります。

もちろん、災害援助などの現場で物質的な援助が要らないということではありません。現場のニーズに応じた、しかも助ける側の都合や満足でなく、現場の方々がその段階その段階で何を求めておられるのかということに敏感に対応する援助には意味があります。しかし、人対人で向き合ったとき、そして特に究極の場面では、こちらが何かをしてあげることはあまり意味がないことを知っておく必要があります。

もし私たちがイエスさまの心をもって人の何かのお役に立ちたいと思うならば、自らが十字架を生きる者であるかをまず問わなければなりません。自分がお手上げ状態かを問わなければなりません。もし自分が本当に無力であることを認め、お手上げ状態の自分であるならば、そこに無力によって寄り添うことができる可能性があります。奉仕とは、土の器である無力な自分を差し出すことです。奉仕の前に自己チェックをしてみましょう。「私は本当に『お手上げ状態』だろうか」と。

ヨブの友だちの沈黙

ヨブ記は、人間のアドバイスや助けがいかに意味がないかを教えてくれる書です。自分が試練・不条理に直面すれば、ほぼ間違いなくヨブのようなことを口走るでしょうし、自分の友人が試練・不条理に直面すれば、それもほぼ間違いなく、ヨブの友人のようなことを口走るでしょう。ヨブの友人たちの心理的背景には、神さまによって祝されていたヨブへの屈折した複雑な思いがあったのではないかとも考えられます。

それでは、ヨブの友人たちはまったくダメだったのでしょうか。そうではありません。二章一三節を見ると、このように書いてあります。

「こうして、彼らは彼とともに七日七夜、地にすわっていたが、だれもひと言も彼に話しかけなかった。彼の痛みがあまりにもひどいのを見たからである。」

友だちは、そこにいっしょにいました。七日七夜、ただ黙って、いっしょにいました。もちろん、あまりに驚いて、ことばが出なかったというのが実情だと思います。しかし、どのような理由があったにせよ、七日七夜いっしょに居続けたというのはたいへんなことです。これは、奉仕のモデルです。私たちは、困難の中にいる友人のもとを訪れたとき、驚くかもしれません。しかし、七日七夜いっしょにいることはなかなかできません。七時間いることもできません。七分いることも簡単ではありません。どぎまぎしながら薄っぺらなアドバイスを口にし、事態を収拾しようとします。

残念なことに、友人の沈黙は程なく終わり、口を開いた途端、次々とヨブを責め立てることばが口から出てきました。間違った聖書解釈や神学は怖いものです。また、未整理の心理的屈折も恐ろしいものです。人を抹殺するようなことばを浴びせかけます。

イエスさま的奉仕を目ざして

イエスさまだったら、どのような奉仕をされるでしょうか。イエスさまがどのような方か、またお手上げ状態でどうされるかを思い巡らしながら、ヒントになることをまとめてみました。

相手が主体、自分は客体という意識を持つ

奉仕は自分が主体ではありません。主体はあくまで相手のほうであり、自分は客体にすぎません。イエスさまは私たちにそのような接し方をしてくださる方です。もちろん援助する側が主体的に判断して介入する場面もありますが、基本的には主体であるその方の目線でものを考えます。自分は主体ではないという謙虚な認識を忘れてはいけません。

このことが明確にされていないと、「自分は〜ができた」というだけの自己満足の世界になります。相手のほうは、ひとりよがりの援助を押しつけられて、迷惑かもしれません。

奉仕と指導が混同することがあります。指導は、こちらが主体になっている状態です。そもそも上から目線です。自分を「師」に祭り上げているだけかもしれません。

安易なアドバイスはしない

奉仕する側が自分のことを主体であると考えている場合、どうしてもアドバイス志向の接し方になります。ところが、人間のアドバイスはそれなりに意味を持つことを認めつつ、励ましにならないこともあります。問題が深刻であればあるほど、当事者性が高くなるので、人がアドバイスすることはほとんど意味をなしません。このことをしっかり心に留めておく必要があります。

自分は助けることができないという無力に徹する

試練は当事者性がポイントなので、その人の苦しみは自分にはわからないということを前提として理解しておきます。「わかってあげられる」という中途半端な気持ちは、苦しみの中にある人に、上から目線の、なんとも嫌な感じ悪いものを残すだけでなく、深い傷を与える可能性もあります。自分は人を励ますことなどできないという謙虚さが基本です。

真の励ましは、人が与えることができるものではなく、究極的には神さまが与えてくださるものであることを信じたいと思います。神さまがその方とともにいてくださること、神さまの「インマヌエル」を信じることです。
奉仕とは、自分は何もしてあげられないことを認め、そのままの無力な自分を差し出すことです。

ただそこに存在する

神さまの「インマヌエル」、つまり、神さまがその方とともに「いて」くださることを信じることが必要であると申し上げました。次は、私がその方にどう「インマヌエル」であることが可能か、どのような意味でともに「いる」ことができるかを模索します。

奉仕とは、空気のようにいっしょにいることです。「よく存在する」、これができたら奉仕は半分成功です。もし自分が苦しみの中にある方に、何らかの接点を持つことができたら、それはその方が「私のような者がいっしょに『いる』ことを許してくださった」ということを意味します。親切を受け入れてくれるのが当たり前ではないのです。苦しみの中にある方が、自分みたいな無力な存在を受け入れてくださること自体、特別なことなのです。

たとえば病室を訪れたときなどは、最初にお聞きします。

「短い時間ですが、ここにいさせていただいてよろしいでしょうか。」

「ああ、よく来てくださいました。どうぞ。」

これで初めて、そこに「いて」いいのです。何かをやってあげる雰囲気の会話、たとえば、自分のひと言がこの人に励ましになればいいとか、うなだれていた心が自分のしゃれたひと言で神さまに向けられるようになればいいという意識があると、あまり良くありません。もちろん会話はするのですが、「私は、きょう、ここに伺いました。でも、何もお助けできない無力な存在です」ということを肝に銘じながら、ただそこに「いさせていただく」ことを意識します。それで初めて、会話は意味を持つようになります。場合によっては声かけができない、かけることばも見つからない、でも、「そこにいさせていただいてありがとうございます」という感謝の心で静かにたたずむことです。その方が口を開いて何かを語ってくださったら、静かに耳を傾けます。

聴いてほしいとき、肯定も否定もせずに聴く

その方の状況・心・気持ちに耳を傾けるのが、聖書的奉仕の基本です。そのまま聴き

ます。気持ちを聴き、そのまま受けとめます。聴くのは、その方が聴いてほしいと思っている時だけです。こちらから聴き出すのではありません。

負の感情も含めて聴くのは簡単ではありませんが、負の感情が出てきても、そのまま否定しないで受けとめます。しかし、少なくともその時点では受けとめることを優先したほうが良いでしょう。もちろん、負の感情を聴くと、ついついその人を変えてしまいたくなります。もちろん、ケース・バイ・ケースです。基本的に、人を変えようとしても、あまり成功しません。場合によっては、深い傷を負わせることになります。

四つの「そ」、「その人が、その状況で、そう思うなら、それでいい」。これくらいの感覚で構えていることが大切です。

あなたは悪くないと伝える――本人の罪ではないことの受けとめの援助

人間は問題に巻き込まれると、ある種の極限状態に陥ります。メンタルな面で追い込まれていきます。そのとき、バランスを取るために、自分を悪者にする傾向があります。これはヨブと友人のやりとりが教えてくれることです。

苦しみの中にいるときに自分を悪者にしてしまえば、何となく自分の心を納得させることができます。しかし、これは正しくありません。そのことは頭ではわかっていても、それでもどうしても、その方向にいってしまうのが人間です。

ヨブはこのように言っています。

「私が罪を犯したといっても、人を見張るあなたに、私は何ができましょう。なぜ、私をあなたの的とされるのですか。私が重荷を負わなければならないのですか。どうして、あなたは私のそむきの罪を赦さず、私の不義を除かれないのですか。今、私はちりの中に横たわります。あなたが私を捜されても、私はもうおりません。」（七・二〇、二一）

人間が困難の中に置かれたときに、どのように感じるかをよく表しています。「あなたが困難の中にいるのは、あなたが悪いからでもないし、あなたの罪のせいでもない」ということを伝えなければなりません。

もちろん伝え方はいろいろです。「自分をそのように罪人扱いするあなたは間違っています」などと頭ごなしに言ったところで、どうにもならないでしょう。逆にその方が苦しむことになることもあります。問題は、そのように思ってしまうのが人間であることを認めて、その気持ちにどのように寄り添えるのかということです。「自分が悪いからではない」ということをご本人がどのように受けとめていけるのか、そのプロセスに静かに寄り添うことが大切です。

負の感情は不信仰ではない——感情という機能の理解

負の感情を不信仰と思わないことです。感情は神さまが人間に組み込まれた機能であり、人生を豊かにするために、また自分を危険から守るために欠かせないものです。まずこのことを理解しておかなければなりません。

人間は苦しみの中に置かれると、どうしても負の感情が出てきます。たとえば、「自分が悪いから、こんな苦しいめに遭っているのは仕方ない。でも、この苦しみの責任の半分は親にある。どうしても赦せない」という言い方をしたとします。赦せないことそのものは良いことだとは思いません。キリスト者であれば、なおさらそう感じると思います。しかし、援助する側が負の感情は不信仰だと考えていたら、相手に対して批判的な思いになり、傾聴することもできなくなります。

感情そのものはニュートラルなものであること、また、人間は負の感情を抱くものだということをまず認めます。援助する側も、自分が同じ立場だったらどうかわからないからです。同じことを言うかもしれません。そのうえで、その方にどのように寄り添っていくかということです。

善意であることを忘れない――善意の暴力

ここで一つ、とても大切な問題に触れておきます。人を助ける行為は善意だということです。悪意でやっている人はいないと思います。計算で人を助けようとする人はいるかもしれません。しかし、多くの場合、動機は善意です。当たり前ではないかと思うかもしれませんが、これがけっこう大切なのです。

「善意の暴力」という言い方があります（樋口和彦『聖なる愚者』創元社、二〇〇二年）。善意で人を助けたいと願って接点を作るなかで、その善意が相手のほうにとてつもない力を帯びてしまうということです。良かれと思って人を助けたとします。その結果、可能性として以下の二つが考えられます。

(1)　善意が感謝される。
(2)　善意が拒否される。

(1)の場合、これはこれですばらしいのですが、注意も必要です。自分とその方の間に心理的拘束関係ができていないかを確認する必要があります。変なふうに自分に縛られてしまわないかということです。

(2)の場合、自分の動機がどうだったかを反省します。もしここで、心の底では実は善意でなかったかもしれないと感じた場合、その人は援助をやめます。善意と思って始めたのですから、続けるモチベーションがなくなります。

重要なのは、自分の善意に問題がないと思った時です。反省します。そして、自分の努力が足りなかったと思って、改善を試みたうえでさらに助けようとします。ここでまた善意が拒否されたとします。再び反省します。本人は善意しかないからです。

このようなことが繰り返されるなかで、その善意がいつのまにか、とてつもない強大な力を帯びるようになってしまうのです。これが「善意の暴力」です。相手は善意であるだけに、断りにくくなります。自分を振り返ったとき、善意に支えられて助けたいと思っていると感じたら、普通以上の注意が必要なのです。

自分の素の感情と向き合う——気持ちを受けとめる備え

これは援助の前提になることですが、自分と向き合うということです。自分に向き合わない、自己洞察をしない援助は危険です。自分に向き合うのが嫌ならば、やめたほうがよいと思います。

素の自分に向き合うことには、怒りなど、自分の負の感情を知ることが含まれます。自分にはどういう負の感情があるのか、怒りの気持ちがあるのか、どういうときに、どういう人に対して負の感情が湧き上がってくるのかなど、自分について洞察を深めることが大切です。

自分の負の感情を知ったら、ある意味で、それに慣れておくことが大切です。負の感情が出てきたときに、ビックリしてしまわないことです。自分はそういう人間なのだということを認めたうえで、その感情をニュートラルな位置に置いておきます。ニュートラルな位置に置くとは、その感情が出てきたときに、それを肯定も否定もせず、「人間はそういうものだ」、「自分はそういうものだ」と割り切り、いじらずに、そのままにしておくことです。それができなければ、人から負の感情を表明されたときに、それを受けとめることができなくなります。

人をお助けする場面で、関係が深まっていくとき、負の感情をぶつけられることは何も特別なことではありません。よくある、普通のことです。負の感情を受けることがあることを想定し、それにも慣れておく必要があります。

自分の動機に向き合う——背後にメサイア・コンプレックスは？

自分と向き合うときに、もう一つ大切なことがあります。それは、なぜ自分は人を助けようと思うのかを考えることです。

なぜこのことが大切なのかというと、人を助けることによって自己実現したいと思っている場合があるからです。この気持ちを「メサイア・コンプレックス」といいます。多かれ少なかれ、人を助けたいと思う人には、この傾向があると考えたほうがよいかもしれません。ですから、援助に関わる人は、例外なく自己洞察が必要なのです。

自分の中にこのような気持ちがあることに気づかずに人を助けていると、大変なことになる場合があります。お助けする期間が終わって、その相手の方が自分で生きていけるようになったとします。ここで、援助する人の中にメサイア・コンプレックスがあり、そのことに気づいていない場合、相手が自立しようとしているのに、いつまでも足を引っ張る状態にはまり込みます。助ける側は必ずしも気づいていないのですが、いつまでも自分を頼りにしてほしいという願望が無意識のうちに働くからです。そして、「私がいないとだめだ」と勝手に断定し、いつまでも依存関係を保つように上手にもっていきます。そして、自分が関わった人たちを「子分」のように引き連れているような状態になります。これは失敗です。

援助や牧会のゴールは、その相手の方が自立することです。依存関係にならないようにしなければなりません。援助のプロセスにおいては、どうしたらその人が自分の足で生きていけるのかを心のどこかで考えながら関わりを持つ節度が求められます。

エピローグ

ここまで、神さまの力の自制と愛の介入という軸で試練・不条理の問題を考えてきました。ヨブ記の学びもいよいよお開きです。

締めくくりに、三つのことを確認したいと思います。

試練は、神さまの訓練でも、あなたに罪があるからでもない

本書が伝えたいメッセージはこれです。試練・不条理があなたの身にふりかかることがあったとしても、それはあなたが悪いからでも、あなたに罪があるからでもないということです。

人間は、自分がしたことと自分の身の周りの現象を、実は何の脈絡もないにもかかわらず、一気に連結させてしまうようなところがあります。

たとえば、家を出るときに石につまずいて足を挫いてしまったとき、直感的に「昨日なにか悪いことしたかな」と考えます。友人が事故に遭ったときに、「前の日に自分が声をかけてあげれば、あんなことは起きなかったかもしれない」と考えます。このように、自分がしたことと自分の身の周りで起きる良くないことは、人間心理の中で結びつきやすいのです。この心理的パターンは、試練・不条理に直面したとき、神さまとの関係にそのまま持ち込まれます。

「自分があんなことをしたから、背後で神さまがその罰を自分に送っているんだ。」ヨブ記によれば、これは間違いです。ほとんどの試練・不条理は、自分には責任がないのです。「ほとんどの」と書きました。「どれくらいですか」と聞きたくなるかもしれません。

「十個のうち八個ですか？　それなら、私のケースは、その残りの二個です。この試練は自分の罪が原因です。」

「ほとんどの」というのは、「まずない」という意味です。「絶対にない」と断定すると、自分が神さまになってしまいますので、あえてその言い方は控えました。基本的にそういうことはないのです。だから、納得できない不条理なのです。

まず、自分が遭っている試練・不条理は、自分の罪が原因ではないし、神さまの罰でもないし、神さまが自分に焼きを入れようと訓練しているのでもないということを確認したいと思います。

自業自得ではないの？

どう見ても自業自得であって、その結果を引き受けざるを得ないように見える場合もあるかもしれません。しかし、本当に原因と結果が直結していたのか。まずこの確認です。必ずしもそうでない場合もあります。神さまが創造されたこの複雑な宇宙で、自分の身に起きたことの原因全部を自分が握っていると考えるのは、少し背負い込み過ぎです。この世で起きる事象は、さまざまな原因が複合的に重なり合って起きるものです。

ほぼ間違いなく自業自得と思えるとき、それでも私はお願いしたいのです。少し待ってください。自分の罪が原因で苦しいめに遭っていると思ってしまう状況であっても、ヨブ記に啓示されている神さまはこう言われるのではないかと思います。

「自業自得？　そのようなことはわかっていたよ。あなたは自分が原因だと思っているけれども、実はそればかりではないんだよ。あなたの目には見えていないことがあまりにあって、わたしはそれを全部説明しなかったけれども、そのことでかえって不安にさせて悪かったね。」

さらに、こう言われると思います。

「あなたが大変なめに遭っているのは、よくわかっている。そして、わたしもいっしょにそれを受けとめているのだよ。あなたは、『どうして助けてくれなかったのですか』と怒りを感じたかもしれない。今も怒っているかもしれない。でも、忘れてほしくないことは、どのような状況でも、わたしはあなたを大切に思っているし、愛しているということだ。大変かもしれないけれども、何とかいっしょに乗り切らないか。」

「自分が原因だ」と反省するのは真実な姿勢だと思います。しかし、神さまの赦し、恵み、配慮が、どんな状況でも十分であることを思い起こしたいと思います。

恵みの原則に深められる、にもかかわらずの恵み

第二に、ヨブ記を正しく理解するために、そしてヨブ記が示唆するような真の援助・牧会を可能にするために欠かせないことがあります。それは「恵みの原則」です。

恵みとは、神さまが人間に注がれる恩恵のことです。しかも、受ける人間の側に、受ける資格や理由がなかった「にもかかわらず」、一方的な愛のゆえに、ただ対象である私を愛してくださっているだけの理由で与えてくださるものを恵みといいます。「原因」がないのに「結果」をいただくという構図です。「原因・結果」の結びつきがない状態のことです。

人間は立派になろうと努力します。しかし、絶対に神さまの基準に届くことはありません。もし唯一可能性があるとしたら、神さまの側から埋めてくださる以外にはないのです。これを「恵みの原則」といいます。この恵みに深めていただきたいと思います。

私たちが今日生かされているのは、この恵みに包まれている以外の理由はありません。過去に失敗したこともありました。挫折したこともありました。人間的に見たら取り返しがつかないと思えるようなこともあったかもしれません。「それにもかかわらず」何もなかったかのように今を生きているのです。過去だけでなく現在も同じです。足りないことだらけなのですが、それでも恵みに包まれて生きているのです。

聖書的な援助をするために、これは大切なことです。「恵みの原則」は、キリスト教カウンセリングの基礎です。援助者は、自己洞察をするプロセスで、このことを確かめていく必要があります。もし自分が描く世界が、人間が頑張らなければどうにもならない世界であれば、困難の中にある方を援助できる可能性は低くなります。なぜなら、困難に直面している方は、自分ではどうにもならないからこそ助けが必要な中に置かれているからです。

もし、援助する側が律法主義的な考え方に縛られていたら、相手の方は気の毒です。援助する者が心の深いところで、結局自分が努力しなければどうにもならない、という刷り込みを強化させているので、言外に相手にそれを求めることになります。ことばにしなくても、どこかで相手をさばき、苦しみの中にある方は敏感にそのことを感じ取ります。傾聴や共感もほぼ不可能です。

自分に向き合いながら、人間は、神さまがしてくださることを受けとめていく存在であり、神さまの恵みに生かされていくべき存在だという聖書の考え方を深めていきたいと思います。

神さまがともにおられる、受肉の恵み

第三に、もう一度受肉の意味を確認します。キリスト教カウンセリングの前提には、神さまが私たちと同じ人となってくださったという受肉の考え方があるように思います。キリスト者は「神さまがともにおられる」という言い方を好んで使います。ところで、人生がうまくいっているときには、このことを実感するのが難しくないのですが、試練・不条理に直面するとき、「神さまが自分とともにおられる」というメッセージはかすんでしまいます。

本書では、私たち人間が苦しみの中にあるとき、どういう意味で神さまが自分といっしょにいてくださるのかを考えてきました。神さまがマックス・パワーをもって介入し

て来られることだけがすべてだという考え方に、もう少し幅と奥行きを持たせなければならないのではないかということを学びました。神さまがマックス・パワーをもって介入されない場合であっても、神さまの愛はまったく変わっていない、むしろ神さまは愛をもってすでに介入しておられる方だということも学びました。キリストの誕生が示す受肉はその現れであり、その究極の姿が十字架にあることを学びました。

もし、神さまが愛をもって介入してくださることについて例外がないのならば、そして聖書が語る「恵みの原則」に立つのならば、自分がどのような状況に置かれていても、それに左右されることなく、神さまがいっしょにいてくださることを信じていくことができます。そして、苦しみの中にある原因が自分の罪にあるのではないことも信じて受けとめていくことができます。

仮に、神さまの力にばかり目が向いて、神さまが愛をもってすでに介入しておられることを感じることができなくても、実はあなたの試練・不条理を、この世界で一番悲しみ、一番苦しみ、涙を流し、なんとかあなたを守り抜こうとされる、この複雑な現実の中で引き裂かれておられるのが、受肉してくださったイエスさまであることを心に留めたいと思います。みことばをもって締めくくります。

「私は知っている。私を贖う方は生きておられ……」（一九・二五）。

〈参考文献〉

『なぜ私だけが苦しむのか――現代のヨブ記』（H・S・クシュナー著、斎藤武訳、岩波現代文庫、二〇〇八年）
『聖なる愚者』（樋口和彦著、創元社、二〇〇二年）
『子供服を着たクリスチャン――幼児性からの脱却』（ディビッド・A・シーモンズ著、河村従彦訳、イムマヌエル綜合伝道団出版事業部、二〇〇三年）
『Stand――立ち上がる選択』（大藪順子著、いのちのことば社、二〇〇七年）
『神さまイメージ豊かさ再発見』（河村従彦著、イムマヌエル綜合伝道団出版事業部、二〇一三年）
『〝聖書読み〟のコツ』（河村従彦著、いのちのことば社、二〇一五年）

おわりに

「イエスさまが示された神の国とはどのようなものなのだろう。」

神学する（theologize）作業は、ひと言で言えば、イエスさまが示そうとされた神の国を描き出そうとする作業です。

その作業の背景に何があるのかをあらためて考えました。

受肉してくださったイエスさまはどのような方か（キリスト論）、イエスさまの受肉のありようを心に留めながら、どうしたら福音をお伝えできるか（現代宣教論）、人間であることを直視し、どうしたらイエスさまの心をもってその現実に寄り添えるか（牧会心理臨床）、そして、これら三つを支える土台として、どうしたら神さまのメッセージをみことばからバランスよく読み取ることができるか（帰納的聖書読解法）、これらの四つがあります。振り返ってみると、いずれも自分から計画的に学ぼうとしたものではなく、摂理的に機会が与えられたものばかりです。わかったなどとは言えない、今も初学者にすぎません。

なぜ、イエスさまが示された神の国を描きたいと思うのか。それは、出会ってくださったイエスさまをさらに知りたいという非常にシンプルな思いがあるからです。

試練の問題を考えるようになった経緯は「はじめに」の中で述べたとおりですが、「神の国」を描くプロセスでどうしても避けて通れない問題でした。

試練の問題を考えるキーワードは「当事者性」です。それはつまり、生きるという現実にどのように向き合っていくのかという自分の問題でもあるということです。その意味で、きわめて実存的です。

クリスマスを前に、イエスさまに心からの感謝をささげ、私たちが苦しい時にこそともにいてくださるイエスさまの受肉の意味をあらためて問い直したいと思います。

さらに、信仰を拠りどころに人と関わる立場にある者として、究極的には何もできないのですが、少なくとも間違った対応をすることによって、苦しみ・悲しみの中にある方々を傷つけてしまわないように、また、無力さをもって寄り添うことによって、十字架によって私に寄り添ってくださったイエスさまの恵みをわずかでも分かち合うことができるようにと願っています。

本書は、牧会・司牧の現場で真実に人々に向き合っておられる牧師・神父の先生方と分かち合いたい内容になっています。

さらに、内容は聖書に基づくものですが、こだわって申し上げれば、人間が共通的に求めているスピリチュアルなニーズに近いものではないかと思います。そうであるならば、キリスト者でない方であっても試練に遭うときに生きる意味を与えるヒントを見つけていただけるかもしれません。心理臨床の世界で日々ケアに携わっておられる心理士の方にも、もし多少でもキリスト教に興味をお持ちならばぜひ読んでいただきたいと思います。

本書の聖書の解釈は、帰納的聖書読解法によって自分なりに納得しているものですが、ご指摘・ご批判は当然のことながら受けるべきものと理解しています。お読みくださった皆さまにはご指導いただきたく存じます。

ヨブ記の解釈と聖書の全体の流れについて目を開いてくれた書の著者であるクシュナー先生を、個人的に存じ上げているわけではありません。勝手に使わせていただいただけであり、申し訳なさを感じます。ここで、先生と先生の御著書に深い敬意と感謝を表します。

前書『〝聖書読み〟のコツ』に続いて、本書の出版のためには、編集長の長沢俊夫氏が、神学的視点および読者目線から適切なご示唆をくださいました。出版部の碓井真衣氏は、読者目線からのご示唆とともに、煩雑な編集作業の中で拙文を適切な日本語に整えてくださいました。心からの感謝を申し上げます。

本書を手にしてくださった皆さまに恵みと励ましが豊かにありますようにお祈り致します。

二〇一六年十一月

河村従彦

河村従彦（かわむら・よりひこ）

札幌で生まれ、東京で育つ。慶應義塾大学文学部卒業、フランス文学専攻。イムマヌエル聖宣神学院卒業、牧師として配属される。アズベリー・セオロジカル・セミナリー修了、神学、宣教学専攻。牧会しながら、ルーテル学院大学大学院総合人間学研究科臨床心理学専攻修士課程修了。東洋英和女学院大学大学院人間科学研究科人間科学専攻博士後期課程単位取得後退学、博士（人間科学）。現在はイムマヌエル聖宣神学院院長。牧師・臨床心理士。著書『神さまイメージ豊かさ再発見』、『“聖書読み”のコツ』、訳書『子供服を着たクリスチャン』、『恵みを知らないクリスチャン』ほか。家族は妻、二人の子ども。

ヨブ記に見る **試練の意味**

2017年2月20日　発行
2019年9月20日　再刷

著　者　河村従彦
印刷製本　シナノ印刷株式会社
発　行　いのちのことば社
〒164-0001 東京都中野区中野2-1-5
電話 03-5341-6922（編集）
03-5341-6920（営業）
FAX03-5341-6921
e-mail:support@wlpm.or.jp
http://www.wlpm.or.jp/

ISBN 978-4-264-03617-3